EDITORIAL

Australien
Das Land und der Kontinent ziehen viele Menschen für ein ganzes Leben an

Liebe Leserin, lieber Leser,

nie würde die MERIAN-Redaktion auf den Gedanken kommen, eine Ausgabe über Asien vorzulegen oder Ihnen ein Heft über Europa anzubieten. Trotzdem lesen Sie hier in einem MERIAN über Australien – und bei Lichte betrachtet ist das nicht weniger kühn als eines der beiden oben genannten Projekte. Australien ist ein merkwürdiges Zwischending, Land und Kontinent mit drei Zeitzonen zugleich. Auf 4000 Kilometern West-Ost-Ausdehnung und 3700 Kilometern von Süden nach Norden ist mehr Vielfalt an Flora, Fauna und Landschaften zu entdecken, als man sich gemeinhin vorstellt und in einem Urlauberleben zu erkunden ist. Nicht wenige Europäer, Deutsche zumal, wählen deswegen das Land „Down Under" als ständigen Wohnsitz und wandern aus. So wie der Ingenieur Frank Bergmann aus Hamburg oder die MERIAN-Autorin Julica Jungehülsing, denen Sie in diesem Heft begegnen werden. Sie haben sich verzaubern lassen von der Weite und Schönheit des Landes und der Gelassenheit seiner Menschen. Wir hoffen, dass wir das mit diesem Heft auch bei Ihnen erreichen.

Herzlich, Ihr

Andreas Hallaschka
MERIAN-Chefredakteur

DER KATA TJUTA mitsamt den kleineren Felsen erhebt sich unvermittelt aus der Ebene des Uluru-Kata Tjuta-Nationalparks

>> Mehr MERIAN im Internet: www.merian.de

BESUCH IM BUSCH ist selten. Das Volk der Yolngu lädt einmal im Jahr zum Garma-Kulturfestival, das mit uralten Ritualen mehr ist als ein Ethno-Spektakel. MERIN-Autorin Ulrike Putz war dabei und beeindruckt. Seite 102

DIE SCHAFSCHUR faszinierte den Fotografen Andrew Chapman, doch vor allem die Kerle, die mit diesem Handwerk unter rauen Bedingungen ihr Geld verdienen. Seite 80

BYRON BAY am östlichsten Ende Australiens ist zuallererst ein Strandparadies mit großen Regenwäldern im Binnenland. MERIAN-Autorin Andrea Lepperhoff entdeckte hier jedoch auch eine lebhafte Hippie-Kolonie. Seite 62

MERIAN 3

INHALT

Australien

14 PORTFOLIO | Die große Freiheit
Bilderreise durch den Kontinent der unendlichen Weiten

28 SPURENSUCHE | Alle sind von auswärts
Über alte, neue und zukünftige Aussies

>> **32 SYDNEY | Up and down under**
Die heimliche Hauptstadt Australiens bietet die
ideale Mixtur von Großstadtalltag und Abenteuer

>> **42 GREAT BARRIER REEF | Welt der Wunder**
Eindrücke, Fakten und neue Forschungsergebnisse
über das riesige Korallenriff vor der Ostküste

52 HINCHINBROOK | Allein im Paradies
Ich und die einsame Insel – Traum oder Alptraum?

62 BYRON BAY | Oh Happy Bay!
Alle sind hier fröhlich, gut gelaunt, entspannt:
Beobachtungen im Wunderland der Selbsterfahrung

68 THE GHAN | Tanz auf dem Längengrad
47 Sunden von Adelaide nach Darwin auf der
Bahnstrecke, die den Kontinent durchschneidet

>> Titelthemen

78 SURF LIFE SAVING | Wächter der Wellen
33 000 freiwillige Lebensretter vermitteln Sicherhe

80 OUTBACK | Wo scharfe Typen Schafe schere
Die harte Arbeit der wahren Helden des Outback

>> **84 TASMANIEN | Grüner wird's nicht**
Eine Insel der Wildnis als Welterbe

92 TIERWELT | Schräge Vögel
Von Merkwürdigkeiten aus dem Labor der Evolutio

100 ESSAY | Veranda-Hocker trifft Walhai
Der Autor Tim Winton über sich und seine Landsleu

102 GARMA-FESTIVAL | Die Erde ist ihr Himmel
Eine der ältesten Kulturen der Welt zelebriert einma
im Jahr ihre mystischen Lebenswerte

3 Editorial

6 Skizzen Tasmanischer Tiger / Aga-Kröte / Didgeridod
Outback de Luxe / Kunst der Aboriginal People

110 Impressum, Bildnachweis

138 Vorschau

Wo Sehnsüchte in Erfüllung gehen: Wonga Beach, North Queensland

MERIAN | Info >> AB SEITE 113

- 13 **TOP TEN** | Was Sie unbedingt sehen müssen
- 14 **SYDNEY** | Chinatown, Iceberg Winter Swimming, Hotels, Restaurants, Stadterkundung zu Wasser und Luft
- 17 Ausflug in die Blue Mountains
- 18 **MELBOURNE** | Secret Tours, Straßen der Moden
- 20 **PERTH, FREEMANTLE** | Weingüter, King's Park
- 22 **CANBERRA** | Kunst und Kultur
- 24 **NATIONALPARKS** | Reservate und Inseln
- 26 **AKTIV** | Whalewatching, Reiten, Surfen, Tauchen, Fliegen, Unterwegs auf Bush Walking Tracks
- 32 **MERIAN-KARTEN** | Australien, Sydney
- 34 **GESCHICHTE** | Rechte der Ureinwohner / Zeittafel
- 35 **INFO SERVICE** | Daten, Tipps, Bücher, Geschichte

92 Der Koalabär ist einer der prominentesten Australier. Den größten Teil seines Lebens verbringt er auf Eukalyptusbäumen

32 Das weltweit bekannte Wahrzeichen Sydneys ist Jørn Utzons kühne Konstruktion der Oper

Foto: Patrick Loertscher

SKIZZEN Australien

1974

1988

1995

Der fünfte Kontinent nun zum vierten Mal bei MERIAN. Sein gewaltiger Wandel wird im Vergleich sehr deutlich

2. 7. 2005

3. 7. 2005

STURZ DER GIGANTEN
ZeitSprung

Eine der größten Attraktionen an der Great Ocean Road ist der Küstenabschnitt mit den „12 Aposteln" im Bundesstaat Victoria: Das Meer löste die freistehenden Kalksteinsäulen vor Tausenden von Jahren vom Festland los. Neun der Monolithen konnte man bis zum 2. Juli 2005 vom Festland aus sehen – am 3. waren es nur noch acht! Der 45 Meter hohe und 6000 Jahre alte Felsen war völlig unspektakulär in sich zusammengesackt. Einsturzursache ist die stetige Erosion, die zu statischen Veränderungen führt. Wissenschaftler sind sich sicher, dass auch die anderen Apostel nicht überdauern werden. Sie vermuten aber, dass nur alle 1000 Jahre einer zusammenbricht. Sensationell, dass wir einen Einsturz miterleben konnten!

TASMANISCHER TIG
Tote leben länge

1938 wurde er gesetzlich geschützt, aber da gab es ihn schon nicht mehr: Der „Tasmascher Tiger" genannte Beutelwolf, einst das größte fleischfressende Beuteltier Australien war systematisch ausgerottet worden. Alle Versuche, ihn durch Klonen auferstehen zu lösen, schlugen fehl. Trotz der 1,75 Mio. A$, die als Belohnung für den Beweis eines lebedigen, unverletzten Tieres ausgesetzt wurden, erwiesen sich alle Berichte bisher als M

UNGELIEBT & UNAUSROTTBAR
Krieg den Kröten

1935 importierte die Regierung 102 venezolanische Aga-Kröten, um so einer Zuckerrohrkäferplage Herr zu werden. Jetzt sind die 20 cm langen und bis zu 1,5 kg schweren Amphibien selbst eine Plage: Sie fressen alles, was kleiner ist als sie selbst und mit ihren Giftdrüsen halten sie sich fast jeden Feind vom Leib. Forscher suchen bisher erfolglos nach biologischen Kontrollmethoden.

AIR MAIL Hermes mit Propellern

Australien ist die große weite Welt, wo der Briefträger schon mal in die Luft geht. Doch die Männer vom Mail Run haben nichts vom Glamour der Piloten: Täglich 1000 Flugkilometer mit bis zu 18 Starts und Landungen sind harte Arbeit, wenn der Briefträger heil heimkommen will. Für entlegene Kundschaft kommt die Post zum Normaltarif, vorausgesetzt, es findet sich eine Landebahn. Ist in der Maschine noch Platz, können Passagiere mitfliegen (s. S. 130).

Für jedes Fernweh das passende Gegenmittel.
Bei TUI können Sie flexibel aus über 1000 Hotels und 192 Rundreisen Ihre individuelle Fernreise zusammenstellen: mit Traumstrandurlaub, romantischen Schiffsreisen oder spannenden Safaris. Mehr dazu in unseren Fernreisekatalogen, im TUI Reisebüro oder unter www.tui.de

www.tui.de

ühl dich

SKIZZEN Australien

Die Bilder der Ureinwohner erzählen Geschichten, sie sind **keine Gemälde** in unserem Sinn. Viele der gebräuchlichen Symbole wurden zwar entschlüsselt, ihre Übersetzungen aber sind allenfalls „Hilfen" – die Botschaft kennen nur die in diese Kunst Eingeweihte

„Honigameisen"

„Blitz"

„Fährten des Dingo"

„Lagerplatz"

„Wasser" oder „Blut"

„Frauen, die kochen"

„Fährten des Waran"
(Echse)

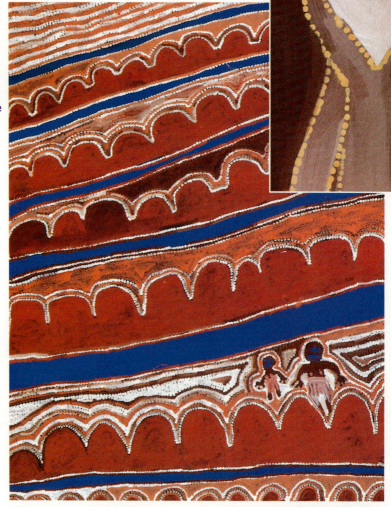

Rover Thomas (1926-1998) ist der bekannteste Künstler. Seine Werke werden mit Preisen bis zu einer Million A$ gehandelt. Der Ausschnitt aus dem Bild „Gulgoodji" (1988) zeigt eine mystische Figur in einer stilisierten Landkarte. Gemalt in traditioneller Punkttechnik mit Erdpigmentfarbe

MODERN ART **Rituale** in Farbe

Die Kunst der Ureinwohner geht zurück auf eine 40 000 Jahre alte Tradition – die Bemalung von Körper, Sand und Felsen ist ein wichtiges Element ihrer Rituale. Seit 1971 malen sie auch mit Pinsel und Farbe auf Papier: Was anfangs als Folklore gescholten wurde, wird heute von der Kunstwelt als „Modern Art" anerkannt. Viele der Aborigines-Communities leben längst vom Verkauf der Bilder, etliche staatliche Museen besitzen umfangreiche Sammlungen: Arbeiten von Narputta Nangala (oben: „Two Women", 1997) hängen in der National Gallery of Victoria, der Queensland Art Gallery und der Art Gallery of South Australia.

SOUND ODER SOUVENIR
Rhythmus**Rohr**

Das Didgeridoo ist das älteste bekannte Musikinstrument der Welt: Mit dem Mund werden rhythmische Klangmuster erzeugt, mehr oder weniger mit einer Note. Das Rohr besteht aus einem von Termiten ausgehöhlten Eukalyptus-Stamm. Souvenirstücke sind meist gebohrt und aus minderwertigem Holz, bei Instrumenten entscheidet die Länge über den Klang. Verkaufspreis 300 bis 500 A$, Konzert-Didgeridoos nicht unter 1000 A$.

FRISCHER WIND FÜR EXZELLENTE BILDQUALITÄT

Panasonic

SDR-S100

SD

Erleben Sie den neuen Panasonic SD Camcorder

Der S100 Camcorder verbindet die unschlagbare 3CCD Profi-Technologie mit dem neuesten Stand der Video-Komprimierung MPEG2. Dabei werden die Aufnahmen in DVD-Qualität auf SD Memory Card abgespeichert. Kompakt und erschütterungsfrei ist die SD Memory Card das perfekte Medium für Videoaufnahmen. Extrem handlich, mit optischem Bildstabilisator und LEICA DICOMAR Objektiv wird der S100 zu einem exzellenten Begleiter in allen Lebenslagen!

Mehr Informationen unter:
www.panasonic.de

3CCD OIS Optischer Bildstabilisator LEICA DICOMAR

Panasonic
ideas for life

SD e.cam

SKIZZEN Australien

Haupteingang des National Museum, daneben die Main Hall mit Glasformen, davor, die an das Opernhaus in Sydney erinnern

ARCHITEKTUR
Postmoderne Provokation

Farb- und formengewaltig erhebt sich das National Museum of Australia am Ufer eines Sees in der Hauptstadt Canberra. Der Bau sorgte 2001 bei der Eröffnung für Furore: Sein Kernstück, die Aboriginal Gallery, bildet exakt das Jüdische Museum des amerikanischen Stararchitekten Daniel Libeskind in Berlin nach. Die Galerie ist aber nur ein Teil des riesigen Bau-Puzzles – die Melbourner Architekten Ashton, Raggatt, Mac-Dougall wählten diese Form, weil es zwischen dem Schicksal europäischer Juden und dem der Aborigines Parallelen gibt. Und weil der postmoderne Ansatz, Formen wie Strukturen wieder zu verwenden, der australischen Identität entspricht. Im Übrigen ist der Kunst-Komplex konzeptionell einmalig (s. Seite 122).

Sturt's Wüstenbohne

Orchidee

Protea

FLORALE STARS
Schön fremd

Sturt's Wüstenbohne, *Clianthus formosus*, einer der besonders hübschen Schmetterlingsblütler, ist die Nationalblume von Südaustralien. Ihr Präfix „Sturt's" ehrt den Australienforscher Charles Sturt, doch in Wahrheit brachte der Pirat William Dampier die Wüstenbohne 1699 nach England. Weitere Beauties des Kontinents: die in Westaustralien beheimatete Orchidee *Caladenia* sowie die an einen Seeigel erinnernde und australische Proteen-Art *Hakea Laurina* – benannt nach dem hannoverschen Minister Baron von Hake (1745-1818), einem Förderer der Botanik.

OUTBACK DE LUXE
Blick mit Zimmer

Es ist die Aussicht: Nichts und keiner der jährlich 400 000 Besucher kann Ihren Blick auf das zehn Kilometer entfernte Herz des Landes, den Uluru (Ayers Rock) stören. Es sei denn, Sie drücken den Knopf für die Jalousie! Hinter dem geografischen Kürzel *Resort Longitude 131°* verbergen sich 15 komfortable 40 m² große High-tech-Zelte der Hyper-Luxusklasse am Rand des Unesco-Weltkulturerbes, das den Uluru umgibt. www.longitude 131.com.au, Tel. (02) 82 96 80 10

Lernen Sie Einheimische kennen

Was werden Sie in Australien erleben? Buchen Sie jetzt ab **€965**[*]
und sichern Sie sich bis zu zwei Inlandsflüge ab je **€25**[*] mit Qantas,
um noch mehr von Australien zu entdecken.

Buchen Sie jetzt bis zum 31.12.2005 in Ihrem Reisebüro oder unter
01805-250610 (€0,12/Min.) Informationen und Reiseangebote zu
Australien finden Sie unter **www.australia.com/flug**

[*]Endpreis inklusive Steuern und Gebühren für den Flug Frankfurt-Sydney-Frankfurt ohne Stopp in Singapur (Stand 08/2005). Inlandsflug: Endpreis inklusive Steuern und Gebühren für den Flug Sydney-Brisbane-Sydney (Stand 08/2005). Maximal zwei Inlandsflüge in Australien (beschränkte Zielauswahl) zu diesem Preis möglich und nur in Verbindung mit diesem Angebot. Andere Streckenführungen möglich. Gültig für Abflüge vom 17.04. bis 30.06.06. Für Abflüge vom 15.01. bis 16.04.06: Australien ab EUR 1065. Verkauf vom 06.09. bis 31.12.2005. Aufenthalt 6-60 Tage. Begrenztes Platzangebot. Reisebüroinfo: veröffentlichter IATA-Tarif in allen CRS.

GRAND TOUR
SICILIA 05
EINE REGION DIE MANCHES ERZÄHLT

W ENN EINE REISE BEGINNT, BEGINNT FÜR JEDEN VON UNS EINE GESCHICHTE: MENSCHEN AUF DER SUCHE NACH KUNST, ABENTEUER, LANDSCHAFT UND WURZELN HABEN SEIT JEHER UNSERE INSEL FÜR DIESE SUCHE AUSERKOREN UND ENTSCHEIDEN SICH AUCH HEUTE NOCH FÜR SIE. AUS DIESEM GRUND WIRD SIZILIEN 2005 NICHT NUR TOURISTEN WILLKOMMEN HEISSEN, SONDERN *REISENDE*, DIE VON VERANSTALTUNGEN, MUSIK, THEATER, LITERATUR ODER AUCH EINFACH VON LANDSCHAFT, LEBENSQUALITÄT UND SÜSSE DES DASEINS ANGEZOGEN WERDEN. SIZILIEN WIRD DIE TORE SEINER BURGEN, THEATER, MUSEEN, STÄDTE, ARCHÄOLOGIE - UND NATURPARKS ÖFFNEN UND SEIN MEER UND SEINE BERGE BEREITSTELLEN. UND ES WIRD MIT SEINEN AROMEN, FARBEN UND DÜFTEN SPRECHEN. SIZILIEN WIRD SIE 2005 AN JENE ORTE FÜHREN, DIE INSPIRATION DER *GROSSEN REISENDEN* DER VERGANGENHEIT WAREN - ES WIRD DAS JAHR DER GRAND TOUR SEIN, UND JEDER WIRD HIER SEINE EIGENE GESCHICHTE ENTDECKEN.

PALCOSCENICO SICILIA
EREIGNISSE IN SIZILIEN

KINO

LITERATUR

AGRIGENTO
42. INTERNATIONALE KONFERENZ ZUR PIRANDELLO-FORSCHUNG
(5.-8. DEZEMBER)

VOM 5. BIS 8. DEZEMBER FINDET IM PALACONGRESSI VON AGRIGENTO ZUM 42. MAL DIE **INTERNATIONALE KONFERENZ ZUR PIRANDELLO-FORSCHUNG** STATT.
EINE BEDEUTENDE KULTURELLE, VERSCHIEDENE THEMATISCHE BEREICHE BEHANDELNDE VERANSTALTUNG, IN WELCHE SCHULEN AUS ÜBER 30 PROVINZEN MITEINBEZOGEN SIND. DAS DIESJÄHRIGE HAUPTTHEMA IST: "IL FU MATTIA PASCAL TRA NARRATIVA E CINEMA - MATTIA PASCAL ZWISCHEN ERZÄHLUNG UND FILM".

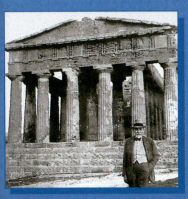

SIRACUSA
LUZIA VON SCHWEDEN UND DIE SCHWEDISCHE WOCHE
(DEZEMBER)

DIE BERUFUNG SIZILIENS ZUM INTERKULTURELLEN AUSTAUSCH WIRD IN SIRACUSA **MIT LUZIA VON SCHWEDEN UND DER SCHWEDISCHEN WOCHE** WIEDERBELEBT. JEDES JAHR EMPFÄNGT SCHWEDEN EINE DELEGATION SIRACUSAS ZUR WAHL DER LUZIA VON SCHWEDEN ZUR WINTERSONNENWENDE. DIE SIZILIANISCHE PROVINZHAUPTSTADT, DEREN STADTHEILIGE SANTA LUCIA IST, EMPFÄNGT IHRERSEITS DANN DIE IN WEIß GEKLEIDETE ERWÄHLTE.

CUSTONACI-AGIRA
LEBENDE WEIHNACHTSKRIPPEN TRAPANI-ENNA
(DEZEMBER)

DEZEMBER BEDEUTET WEIHNACHTEN. FREUDE, ZUSAMMEN ZU SEIN. FREUDE, DIE MIT ANDEREN GETEILT WIRD.
FÜR DEN GESAMTEN ZEITRAUM DER FEIERLICHKEITEN BIS HIN ZUM DREIKÖNIGSFEST FINDEN IN CUSTONACI DIE **LEBENDEN WEIHNACHTSKRIPPEN** STATT, EINE INITIATIVE, DIE VON DER STADTGEMEINDE SEHR INTENSIV GELEBT WIRD. EINE WEITERE **LEBENDE WEIHNACHTSKRIPPE** WIRD IN AGIRA ZELEBRIERT, DIE EINZIGE IN GANZ ITALIEN, WELCHE DIREKT AN WEIHNACHTEN STATTFINDET.

www.regione.sicilia.it/turismo

Europäische Union

Region Sizilien
Assessorat für Fremdenverkehr
Kommunikation und Transport

Einsame Spitze: Abrupt erhebt sich die 100 Meter hohe Felswand des Kings Canyon aus der ebenen Steppenlandschaft südwestlich von Alice Springs. Die Felsnase ist Highlight eines Rundwanderwegs

DIE GROSSE FREIHEIT

WATARRKA (KINGS CANYON) NATIONAL PARK | NORTHERN TERRITORY

Australien ist ein wunderbares Land – wie geschaffen, um sich darin zu verlieren. Seine Weite ist so überwältigend, weil es nichts gibt, woran sich der Mensch messen könnte. Und selbst von Orten der Gefahr geht eine unwiderstehliche Faszination aus

WOLLEMI NATIONAL PARK | NEW SOUTH WALES
Das Parkgebiet am subtropischen Küstensaum nordwestlich von Sydney ist fast unzugänglich. Darum kommt es dort immer noch zu Entdeckungen. 1994 wurde in einem der Canyons eine unbekannte Kiefernart gefunden – manche Teile Australiens sind so isoliert, dass ihre einzige Geschichte die Urgeschichte ist

NINGALOO REEF | WEST AUSTRALIA

Unterwasserwunder: Nirgendwo sonst auf der Erde trifft man auf so ungewöhnliche Flora und Fauna. So ist das Ningaloo Reef einer der wenigen Orte, an denen man in Gesellschaft des Walhais *(Rhincodon typus)* schnorcheln kann. Der größte Fisch der Welt – er wird bis zu 18 Meter lang und 30 000 Kilogramm schwer – lebt von Kleinigkeiten: Plankton

Foto: Gary Bell

ULURU (AYERS ROCK) | NORTHERN TERRITORY

Heilige Stätte: Der riesige Monolith ist nach der religiösen Vorstellung der Aboriginal People der Schnittpunkt vieler *songlines*, einer Art mythischen Wegenetzes mit signifikanten Fixpunkten, *sacred sites*. Trotz nachdrücklicher Bitten, es nicht zu tun, besteigen viele Besucher den Uluru

WAVE ROCK | WESTERN AUSTRALIA

Steinerne Welle: Die kuriose, fließende Form dieses hundert Meter langen und 15 Meter hohen Felsmassivs östlich von Perth bildete sich durch Wind- und Wassererosion während vieler Jahrmillionen. Die schwarz-weiß-roten Farben entstanden durch Wasser, Eisenoxide und Karbonate

Das Volk der Jawoyn lebt im Norden Australiens zwischen der eigenen und der Welt der Weißen. Ohne ihre Tänze, Lieder und Legenden, sagen sie, ginge ihre Identität verloren

ISLAND ARCH, PORT CAMBPELL NATIONAL PARK | VICTORIA

Dramatische Felsformationen begleiten die Great Ocean Road, die große Panoramastraße an der Küste. Beim „Wassertor" hat das Meer das weichere Gestein fortgespült. In der Nähe solcher Brocken und in trügerischer Strömung kenterten viele Schiffe – an der „Shipwreck Coast" wurden 160 Wracks gezählt

BIRDSVILLE | QUEENSLAND

Straßen im Outback führen scheinbar nach Nirgendwo: Unbefestigte Autopiste nördlich von Birdsville, einem 100 Einwohner zählenden Flecken und letzte Bastion der Zivilisation auf dem Weg durch den Kontinent. Hier entlang fährt nur, wer muss – also jene langen *roadtrains* mit bis zu fünf Anhängern

So kann der Traum auch enden: im Daly Waters Pub am Stuart Highway, mitten in der Wüste

ALLE SIND VON AUSWÄRTS

Julica Jungehülsing über alte, neue und zukünftige „Aussies"

Die Kellnerin hat chinesische Gesichtszüge und einen französischen Namen. Ihre Mutter sei Schweizerin, lächelt Valerie, aber sie selbst aus dem Stadtviertel Darlinghurst, gleich ums Eck vom „Longrain", wo sie zum Barossa-Huhn gerade Pinot Noir nachschenkt. Das Restaurant gehört zu Sydneys besten: Thai-Küche mit südchinesischen Einflüssen, zubereitet von Starkoch Martin Boetz, born in Germany. Eher normal als ungewöhnlich, denn jeder vierte „Aussie" ist nicht in diesem Land geboren. Und obgleich längst nicht alle willkommen sind, ist „Multikulti" schon per Statistik mehr Alltag als Mode. Seit 1945 ließen sich fast sechs Millionen Einwanderer irgendwo zwischen Perth und Brisbane, Darwin und Adelaide nieder. Der kleinste, trockenste und flachste Kontinent der Erde ist ein Magnet für Rastlose aus aller Welt. Und für viele ein Land der Träume.

Für die ersten Immigranten freilich, 780 britische Sträflinge, war das heiße Land im Süden zunächst vor allem ein Albtraum: ein Gefängnis, zwar ohne Gitter, doch voller Bedrohungen – zu fern, zu fremd, zu feindlich; bewohnt seit mehr als 45 000 Jahren von den Aborigines, deren Welt unendlich fern von der der Neulinge war. Die Träume jener, die später und freiwillig kamen, waren rosiger: Sie glaubten, in Australien friedlicher oder wohlhabender, freier oder gesünder zu leben. So unterschiedlich ihre Gründe waren, eines verband sie: die Hoffnung, besser als die alte Heimat möge die neue allemal sein.

Es gibt Apfelkuchen am Lake Macquarie, Omas Kölner Rezept, mit Mandeln verfeinert. Frank Bergmann hat nicht aus Sentimentalität gebacken, sein Strudel ist einfach bei den Nachbarn der Hit: „Die lieben den", freut sich der gelernte Koch. Nach New South Wales brachte ihn allerdings ein Job als Umweltgutachter. Und Abenteuerlust (s. nächste Seite): Familie Bergmann ist wie viele europäische Einwanderer des neuen Jahrtausends: flexibel und neugierig. Das Visum zu ergattern war schwer, der Umzug ein Graus, und dennoch sagen sie: „Wenn's nicht klappt, können wir ja wieder gehen." Zurück nach Hamburg oder vielleicht noch weiter östlich, nach Neuseeland.

Eine Option, die August Kavel kaum hatte. Der Pastor kam 1838 mit einigen hundert Alt-Lutheranern, der ersten große Gruppe deutscher Siedler, nach Adelaide. Am anderen Ende der Welt, so hofften die Familien aus Schlesien, Brandenburg und Posen, würden sie ihre Religion unbehelligt ausüben können – was man ihnen gewährte, solange sie nebenbei auch hart arbeiteten. Also pflügten und pflanzten sie, errichteten Dörfer, die sie Lobethal und Hahndorf nannten, und begründeten nebenbei eine Tradition mit Folgen: Sie bauten Wein an.

Was damals in den Hügeln um Adelaide und im Barossa-Tal als eine Feldfrucht von vielen das Überleben der Kleinbauern sichern sollte, wurde zum boomenden Wirtschaftszweig: Heute ist Australien weltweit der viertgrößte Weinexporteur, und an die deutschen Wurzeln erinnern Namen wie „Seppelt" oder „Lehmann". Ein Musterbeispiel für das Zusammenwachsen von Alt und Neu ist der Werdegang des Kellermeisters Wolf Blass, der erst 1961 nach Australien kam, um für den „Kaiser Stuhl" Sekt zu keltern. Blass gehört inzwischen zu den Multis der Branche. Er ist Sponsor der Rugby-Nationalmannschaft, doch sein Logo ist kein Känguru, sondern ein (Bundes-)Adler. Blass besitzt Weinberge in neun Regionen.

Den größten Einwandererstrom des 19. Jahrhunderts verursachte weniger der fruchtbare Boden als das, was sich unter ihm verbarg. Gold lockte allein 1852 mehr als 370 000 Glückssucher ins Land: Briten, andere Europäer und viele Chinesen. In einem Jahr brachte der Goldrausch weitaus mehr Menschen in die Kolonie als 70 Jahre Sträflingstrans-

porte. Längst bestand die Bevölkerung nicht mehr nur aus Aborigines, den 162 000 Sträflingen und weißen Siedlern. In den 1860ern waren Plantagenarbeiter aus Melanesien nach Queensland gezogen, afghanische, pakistanische und türkische Kamelhändler halfen das Landesinnere erschließen, japanische Perlenfischer tauchten vor den Küsten, asiatische Goldsucher sattelten auf Gemüseanbau um oder legten Eisenbahnschienen. Kurz: Die Nation wurde gerade so schön bunt, als die „White Australia"-Politik Anfang des 20. Jahrhunderts der Farbenfreude einen Riegel vorschob. Fortan durften nur noch Europäer ins Land – und die möglichst hellhäutig. Grund für die Abschottung war die Angst vor einer Überzahl chinesischer Goldschürfer. Doch diverse Regierungen hielten an der Angst- und Auslesestrategie b in die 1970er Jahre fest.

Nicht immer war die Hautfarbe Schuld an der Furcht vor Fremden, zuweilen schien auch einfach nicht klar, wer ei gentlich Freund und wer Feind war. Peinlich bis heute is Australien der Fall der „Duneera", eines Schiffs, das 194(jüdische Flüchtlinge nach Sydney brachte. Weil sie als Deut sche und somit „feindliche Ausländer" galten, wurden die gut 2000 Männer und Jungen bis 1944 in ein Lager gesteckt Einer von ihnen war Felix Werder, der später als Komponis berühmt wurde und über seine Zeit im Lager sagte: „Es wa

INTENSIVER LEBEN

Frank, Jessica und Dario Bergmann aus Hamburg gehören noch zu den neuen Zuwanderern. Der Vater, ein Multitalent, freut sich, dass in Australien Flexibilität geschätzt wird

Abenteuerlust hat uns hergebracht. Aber auch die Aussicht auf Arbeit, eine gut bezahlte, interessante und feste Stelle." Diplomingenieur Frank Bergmann (41) ist so gar nicht der „nine to five"-Typ, war fast immer selbstständig, und das in mehr Berufen, als die meisten in der ganzen Familie haben. „Wenn ich meinen Lebenslauf einem deutschen Arbeitgeber zeigte, gab's meist Stirnrunzeln: Fotograf ist er, Medizin hat er studiert, Taxifahrer war er, in der Meeresforschung, als Koch und Computer-Experte hat er gearbeitet... Und was will der nun bei mir? – Hier ist das viel normaler, fast eine Auszeichnung, weil es zeigt, dass man vielseitig ist und flexibel." Frank Bergmann zog im März 2005 mit seiner Frau Jessica (36) und Sohn Dario (2) nach Australien. Sie tauschten eine Zwei-Zimmerwohnung in Hamburgs Karoviertel gegen ein Haus in Toronto, einem Provinznest 140 Kilometer nördlich von Sydney. Dort arbeitet Frank bei einer Firma, die Umweltverträglichkeits-Gutachten anfertigt. „Peter, mein Boss, war der erste, von dem ich je gehört habe: Mensch, der kann all die Sachen, die wir brauchen! Inzwischen werde ich rundum eingesetzt. Gerade arbeite ich an einer versalzten Mine, nicht unkompliziert, aber mir gefällt es." Gefallen hat Bergmanns bislang auch die neue Umgebung: Sie sind oft eingeladen, zu Barbecues, zum Tennis, zu neuen Freunden. Dario weiß bereits, wo bei den Nachbarn die Keksdose steht. Jessica, die in Hamburg Ärztin war, freut sich, Zeit für sich zu haben, und erkundet die neue Gegend und die Natur. „Das Gefühl, aus Deutschland mal rauszuwollen, war immer da bei uns beiden", sagt sie. Australien allerdings war nie ihr Traumziel. Das war lange Neuseeland, das „grüne Paradies". Bis sie dort Urlaub machten und von der Realität enttäuscht nach Australien weiterflogen. Sie überlegten, nach Ägypten, Skandinavien und England zu gehen. Selbst einen Türkischkurs hatten sie schon belegt, als Frank dort ein Angebot hatte. Nach einer zweiten Australienreise je doch – mit Jobsuche statt Ferien – stürzten sie sich auf den Visumsantrag und landeten in New South Wales. Mit einem Container voll Hab und Gut, einer Sitzreihe des Schauspielhauses inklusive. Platz genug haben sie in ihrem Fünfzimmerhaus. Vom Frühstückstisch aus sehen sie über dem Lake Macquarie die Sonne aufgehen, Kookaburras und Rosakakadus keckern im Garten. Beim Blick aufs Was- ser fällt Frank das Wetter ein: „Sicher kein Grund auszuwandern, oder doch…? Meine ersten 40 Jahre waren einfach zu kalt", lacht er und wird dann ernster. „Seltsamerweise fühle ich mich schon nach so kurzer Zeit irgendwie zu Hause hier, zufrieden und gelassen. Vielleicht auch, weil die Leute so entspannt sind", vermutet er. „Die Deutschen sind Meister darin, das Haar in der Suppe zu finden und schlecht gelaunt zu sein. Dabei ist es oft so einfach, das Leben mehr zu genießen, fröhlicher zu sein. Das können die hier besser." Seine Frau schüttelt den Kopf: „Mich hat das an Deutschland weniger gestört. Ich mag Hamburg, da sind eben meine Wurzeln. Aber ich hatte einfach Lust auf was Neues. Wenn es hier auf Dauer nicht klappt oder uns doch nicht gefällt, können wir ja immer noch zurück." □

Endlich sesshaft: aus der Wohnung in Hamburg …

… an den Strand im Osten des Kontinents

les sehr unangenehm, wahrscheinlich ungerecht, sogar un-
hisch, aber nicht halb so schlimm wie in einem KZ zu sein,
usgebombt zu werden oder in Stalingrad zu erfrieren."

Zwar wurde auch nach dem Krieg noch nach Farbe sor-
ert, doch nun fehlten dringend Leute: *Populate or perish*, so
as Fazit, „bevölkern oder verschwinden". Und Australien
etzte beim Überleben nicht allein auf *10 Pound Poms*, eine
Iillion Engländer, die für zehn Pfund ein One-way-Ticket
ns Ende der Welt kaufen konnten. Die Regierung schuf
uch Zuzugsprogramme für Italiener, Türken und Jugosla-
en, holte Widerstandskämpfer aus Holland, Skandinavien
nd Frankreich sowie Überlebende aus deutschen Lagern.
n den Fünfzigern und Sechzigern warb man Ausländer im
roßen Stil an, um das *Snowy Mountains Project*, das größte
lektrizitätswerk des Landes, zu realisieren.

Wirklich farbenfroh jedoch wurde *Down Under* erst in
en 1970ern. Damals gab die Regierung das „White Austra-
a"-Dogma ebenso auf wie die Idee der „Integration um je-
en Preis". Auch wenn die Angst vor zu viel Fremdem nie
erging – jetzt lautete die Devise „multikulturelle Vielseitig-
eit". Jeder Konflikt, in Vietnam, Osteuropa oder Irak,
rachte neue Gesichter nach Australien, wo heute Menschen
us 185 Nationen zu Hause – und allgegenwärtig – sind. In
Ielbournes Lygon Street übertönen sizilianische Dialekte
uweilen das *orstraalian* und eines der vielen Cafés ist stolz
arauf, Standort der ersten Espressomaschine Australiens zu
ein. Nicht weit davon wird koreanisch gekocht oder im grie-
hisch-orthodoxen Zentrum gefeiert, und in Little Bourke
treet ziert chinesische Schrift eine australische Bank. Wer
ich weiter treiben lässt, trifft in Victorias Hauptstadt viel-
eicht noch eine tongaische Hochzeitsgesellschaft, kann

einen Streit über Rugby zwischen zwei Libanesen auf-
schnappen oder im „Club Tivoli" der „Volkstanzgruppe
Oberbayern" applaudieren.

Die Deutschen sind treue Kunden der Einwande-
rungsbehörde geblieben, aus je nach Epoche unterschiedlichen Motiven. „Zu viele Atomwaffen und Umweltskan-
dale", nennt Ulli Spranz ihre – für die 1980er Jahre typi-
schen – Gründe, der Heimat den Rücken zu kehren (s. unten). Drei ihrer Kinder sind in den Adelaide Hills geboren,
sprechen so gut Englisch wie Schwäbisch und gehören in
jene Statistik, der zufolge fast die Hälfte aller „Aussies"
mindestens ein ausländisches Elternteil hat: aus Armenien
oder Simbabwe oder eben aus Schwaben.

Gemeinsam mit den Nachfahren früher Siedler und briti-
scher Sträflinge versuchen sie, zum Patchwork Australien
zusammenzuwachsen – und finden allmählich Gefallen an
der Mischung. Mit Blick auf den Pazifik nippen sie am besten Macchiato jenseits Italiens. Sie sind stolz auf die größte
griechisch sprechende Gemeinde außerhalb Griechenlands
und finden es okay, dass ein Taiwaner Chinatowns besten
Imbiss hat. Sie haben gelernt, Ehrfurcht vor zigtausend
Jahre alten Felsenzeichnungen zu zeigen, und erklären
Hahndorfs Fachwerkhäuser zu nationalem Kulturgut. Sie
sind das vermutlich einzige Land der Erde, in dem ein Radiosender in 68 Sprachen berichtet. Neuerdings diskutieren
sie – auch in Büchern und Umfragen – oft über ihre Identität, fragen sich, was nun eigentlich „australisch" ist. Und
finden selten eine einfache Antwort. Kein Wunder. □

Julica Jungehülsing, *Surferin und freie Autorin in Australien,*
ist Mitglied der Korrespondentengruppe Weltreporter.net

WAS NEUES MACHEN

**Ulli und Helmut Spranz haben in Paris Creek bei Adelaide eine mit Öko-Siegeln ausgezeichnete
Farm. Ihr Quark ist preisgekrönt, ihren Blaubeerjoghurt gibt's im ganzen Land**

Schon in den achtziger
Jahren war Deutschland
kein Land mehr für uns:
die Atomkraftwerke, die Mit-
telstreckenwaffen, und ein
Umweltskandal folgte dem
nächsten." Ulli Spranz und ihr
Mann Helmut wollten anders
leben: einfacher, gesünder.
Und sie wollten eine Familie
gründen. „Als Grafikdesigne-
rin war ich viel unterwegs,
nicht gerade ideal für eine Familie", erzählt Ulli Spranz, 46.
„Wir wünschten uns Berufe,
in denen wir mit den Kindern
zusammensein können."
Helmut gab seine Karriere bei
der Bundesbahn auf und
studierte Landwirtschaft, beide
arbeiteten auf Höfen und Ulli
lernte in der Schweiz das

Käsemachen. Das waren die
siebziger Jahre, das Motto
lautete: Zurück zur Natur.
Dann reisten sie durch Australien und arbeiteten auf Farmen. „Auf dem Lande ist es
immer am ursprünglichsten,
da lernt man die Menschen
am besten kennen", sagt Ulli
Spranz überzeugt. „Deren
Einfachheit hat uns begeistert
und auch die Weite und die
Möglichkeiten: So viel war
damals noch von Chemie be-
einflusst, Biodynamik ein
Fremdwort. Da haben wir ge-
dacht: Hier lässt sich doch
bestimmt noch etwas Neues
schaffen. In Deutschland hätten wir nie genug Geld gehabt,
einen eigenen Bio-Betrieb
zu kaufen." Den Hof, den sie

schließlich in South Australia
fanden, konnte sich das junge
Paar mit zwei Kindern auch
nicht leisten. Sie borgten Geld
und kauften ihn trotzdem.
Heute ist die „B.-d. Farm Paris
Creek" ein mit allen Öko-
Siegeln und Urkunden ausge-
zeichneter Betrieb, der
22 000 bis 25 000 Liter Milch
pro Woche verarbeitet.
Spranz' Bio-Blaubeerjoghurts
stehen in Kühlregalen im
ganzen Land, ihr Quark ist
preisgekrönt, geplant sind
neue Rohmilchprodukte und
eine Käserei. Außer Milch der
eigenen Kühe verarbeitet der
Familienbetrieb inzwischen
auch die Milch von drei Nachbarn, die nach Vorbild der
Deutschen auf Biodynamik

umgestellt haben. Doch der
Erfolg kam nicht über Nacht.
„Nach sechs Monaten hatte
ich genug und wollte heim.
Es war einfach zu hart!" Ulli
denkt an die Regennächte, die
sie schwanger auf der Weide
bei kranken Tieren saß,
um denen beim „Antibiotika-
Entzug" beizustehen. Sie
denkt an ihren Gemüsegarten,
den sie anlegte, weil Geld zum
Einkaufen fehlte. „Ein Abenteuer war es, vom ersten Tag
bis heute. Ein wirklich langer
Weg", sagt Ulli, inzwischen
Mutter von fünf Kindern, die so
gut Schwäbisch wie Englisch
sprechen. „Aber die schwieri-
gen Anfänge haben uns auch
gelehrt, dass es sich lohnt,
hartnäckig zu bleiben." □

SYDNEY | NEW SOUTH WALES

Das Fantastische an dieser Stadt ist, dass es hier alles gibt: imponierende Architektur, verführerische Malls und Restaurants, eine überwältigende Natur mit hell leuchtenden Stränden, azurblauem Wasser und weiten Parklandschaften. Eine Mixtur von Weltklasse, die sich kaum noch einer leisten kann Text: Urs Wälterlin

Höhepunkt jeder Touri-Tour: der großartige Blick von der Sydney Harbour Bridge auf Oper, Circular Quay und Business District. Dazu muss man im Overall, mit Sicherheitsgurt und Sprechfunkgerät auf die 1932 gebaute Stahlbogenbrücke klettern

Up and down under

Sydney: viel Sonne, wenig Schatten

Das Restaurant „Guillaume at Bennelong" in der Oper ist der beste Ort, um den aufregenden Bau des Dänen Jørn Utzon von innen zu erleben. Auf Stahlstreben ruhen die markanten Muscheldächer des Komplexes, der eine Ikone der Baugeschichte ist

Sydney ist offen
für alles Neue aus jeder Himmelsrichtung

Sydney ist Urlaub
für Segler und Surfer und Heimat für alle

Bondi Iceberg's: Speisen mit Ausblick auf Meer und Meerwasser-Pool am schönsten Strand der Stadt

Warten auf die perfekte Welle: Surfschüler am Strand von Bondi in einer idealen Bucht für Anfänger

„Ich kann zweieinhalb Stunden ohne Unterbrechung reden", sagt Ron van Ham. „Ich bin ein Unterhalter." Mit einem kräftigen Ruck drückt er den Gashebel seines Hochleistungsmotors nach vorn. Das Boot schneidet durch das klare Wasser. „Was für ein wunderbarer Tag heute wieder ist", seufzt der 41-Jährige zufrieden und blinzelt. Das grellweiße Segeldach des Opernhauses blendet ihn selbst durch die pechschwarzen Gläser seiner Sonnenbrille. „Was für ein guter Job, den ich habe. Dieser Hafen ist das schönste Büro der Welt."

Recht hat er. Es gibt nur wenige Orte auf der Welt, die so beschaulich, farbig, lebhaft und zugleich so sicher sind wie der Hafen von Sydney. Van Ham fährt ein Wassertaxi. Er transportiert Passagiere von den vielen kleinen Buchten und Vororten zum Circular Quay, einer Art Hauptbahnhof des Hafens, wo auch die großen Fähren anlegen. Von dort sind die meisten seiner Kunden binnen Minuten an ihrem Arbeitsplatz in einem der vielen Hochhäuser der City.

„Ich habe viele Stammkunden, Geschäftsleute, die täglich mit meinem Boot fahren", meint Ron van Ham. „Doch eigentlich bin ich auf Prominente spezialisiert." Er greift zum Handschuhfach und holt ein Notizbuch hervor. Auf einer Doppelseite dankt ihm Bette Midler in schwungvoller Schrift für den „nice ride", auch Pierce Brosnan und Prince Andrew scheinen von der Fahrt durch den schönsten Hafen der Welt angetan gewesen zu sein. „Tom Cruise ist sehr zuvorkommend", erzählt der Wassertaxifahrer, „und auch Sting ist ganz natürlich."

Der Hafen, die Strände von Sydney, sie sind die größte Attraktion Australiens für die Millionen von Touristen, die jedes Jahr den kleinen Kontinent besuchen. Für viele *Sydneysider*, so nennen sich die Bewohner Sydneys, sind sie noch viel mehr: Gleich einer Droge bestimmen sie das Leben derer, die am Wasser wohnen. Deshalb laufen allmorgendlich tausende Jogger an den Stränden der Stadt, trinken am Bondi Beach ihren Cappuccino oder stehen ganz

Der schönste Badevorort an der Northshore: Manly Beach ist ein viel gepriesener Platz zur Erholung und mit der Fähre ab Stadtmitte leicht zu erreichen

einfach in Gedanken versunken im Sand, während die Sonne über den glitzernden Wellen des Pazifiks aufsteigt, denen die Stadt jenes ganz besondere Leuchten verdankt.

Ron van Ham legt am Circular Quay an, Touristen schlendern den Bootssteg entlang. „Taxi", ruft Ron. Ein Ehepaar steigt ins Boot, van Ham legt ab. Langsam fährt das Schiff an den Palästen der Schönen und Reichen vorbei. „Das ist Russell Crowes Apartment", sagt van Ham, und zeigt auf ein luxusrenoviertes ehemaliges Dock. „15 Millionen hat er dafür bezahlt." Auch Crowe hatte er schon als Gast auf seinem Boot, kein netter Mensch, dieser Neuseeländer. „Als er aufs Deck trat, meinte er nur, er sei hier zum Fahren, nicht zum Reden. Ich durfte nichts mehr sagen", klagt van Ham und steuert das Boot Richtung Osten.

„Ich kann mir keinen anderen Ort auf der Welt vorstellen, wo ich lieber wohnen möchte", sagt die junge Marketingexpertin Sarah Harris, die auch in Rons Wassertaxi sitzt. Van Ham zeigt auf eine gigantische Baustelle direkt

Sydney ist Wiege
des modernen, selbstbewussten Australiens

Kinder-Paradies: In der Fußgängerzone und am Shelly Beach von Manly sind kleine Leute sicher

Olympia-Relikt: Monorail, die Einschienenbahn, verbindet das Viertel Darling Harbour mit dem Zentrum

am Wasser; ein Berg von Beton, Kränen und Pressluftgeneratoren. Dort baut sich ein bekannter Geschäftsmann ein Haus für 35 Millionen Dollar. Und versperrt damit vielen Nachbarn die Aussicht aufs Wasser. In Sydney kann Geld alles kaufen, „diese Stadt ist eine billige, glitzernde Hure", hat ein Schauspieler einmal gesagt.

Eine Hure vielleicht, aber keine billige. Der Hafen und die Strände – der Großteil der vier Millionen Sydneysider erlebt sie nur auf einer Postkarte oder während eines Sonntagsausflugs. Die wenigsten Australier können es sich heute noch leisten, direkt am Hafen zu wohnen oder am Strand, wo man für ein heruntergekommenes Haus inzwischen eine Million Dollar auf den Tisch legt. So lebt die Masse der Bevölkerung weit weg vom Touristen-Sydney, in einem der unzähligen Vororte der Stadt, den *suburbs*, und versucht, seine Träume dort zu verwirklichen. Der Traum des Durchschnittsbürgers aber ist der Alptraum des Städteplaners: Wie wild wuchernde Krebsgeschwüre fressen sich Vororte um Vororte in die Landschaft, scheinbar planlos, unaufhaltbar. Wasserversorgung und Kanalisation stehen chronisch vor dem Kollaps, der öffentliche Verkehr – im autovernarrten Australien keine Priorität der Politiker – ist hoffnungslos überlastet und veraltet.

Trotzdem wird weiter gebaut, hemmungslos. Wo heute Kühe weiden, knattern morgen Rasenmäher. „Projekt-Eigenheime" – massenproduzierte Minipaläste, ausgestattet mit mehr Marmor als ein italienischer Friedhof, völlig überdimensionierte, Energie fressende Monster – dominieren die Landschaft. Luxus und Status sind in diesen anonymen *suburb*s genauso die Norm wie in den Nobelorten am Hafen. Luxus und Status auf Pump allerdings, denn niedrige Leitzinsen und ein hemmungsloser Umgang mit der Kreditkarte machen ihn möglich. Der Konsumrausch, eine der Stützen der australischen Volkswirtschaft, wird nicht nur staatlich gefördert – er ist Staatsreligion. „Entspannt und komfortabel", so wünscht sich der konservative

Strahlende Stadt: Sydney hat ein angenehmes Klima, fast 300 Sonnentage im Jahr, und das, was sie einst zur geografischen Mausefalle machte, ist heute ihr Kapital – die Lage

australische Premierminister John Howard seine Mittelklasse. Das macht ihm das Leben leichter. Denn wer entscheiden muss zwischen einem Swimming-Pool aus Beton und einem aus Plexiglas, der überlässt Alltagsentscheidungen gern den Politikern. Etwa, ob Australien im Irakkrieg mitkämpft (ja), ob es das Kyoto-Protokoll unterschreiben soll (nein), oder ob die Regierung muslimische Flüchtlingskinder jahrelang in Wüstenlagern hinter Stacheldraht sperrt, um Asylanten abzuschrecken (ja). Die *suburbs* sind Petrischalen, in denen politische Apathie gedeiht wie Bakterienkulturen im Wärmeschrank.

In einem kleinen Restaurant in Bankstown, einem Stadtteil im Westen, sitzen zehn Australier an Plastiktischen, diskutieren aufgeregt Rugbyresultate – auf Vietnamesisch – und schlürfen dabei *pho*, eine vietnamesische Nudelsuppe. Es riecht nach Koriander, Zimt und Räucherstäbchen wie in einer Esshalle in Hanoi. Erst beim Zahlen erinnert sich der Besucher wieder, wo er

Gebaute Geschichte: Das feine Viertel Paddington ist Sydneys Adresse restaurierter viktorianischer Terrassenhäuser

eigentlich ist. „Thanks, mate", sagt der junge Mann in breitestem Aussie-Englisch, „danke, Kumpel". Jack ist ein in Australien geborener Sohn vietnamesischer Bootsflüchtlinge. Was macht einen Australier aus in einem Land, in dem jeder vierte Bewohner entweder im Ausland geboren wurde oder ausländische Eltern hat? Eine Frage, auf die es Millionen Antworten gibt. Noch in den fünfziger Jahren war der typische Aussie blond, angelsächsicher Herkunft, spielte Cricket, trank Bier, aß *fish and chips*. Seither haben Millionen von Immigranten aus allen Ländern der Welt vor allem Sydney zu ihrer Heimat gemacht. Trotz ihrer unterschiedlichen Herkunft leben sie hier in bemerkenswerter Eintracht mit- und nebeneinander. Der Multikulturalismus – obwohl regelmäßig verleumdet von Regierungspolitikern und den mehrheitlich konservativen Medien – ist eine der größten Errungenschaften, die Australien der Welt geschenkt hat. Ein Beispiel dafür, dass friedliches Zusammenleben verschiedenster Kulturen möglich ist.

Es ist Feierabend für Ron van Ham, er parkt sein Boot an einer Anlegestelle. Morgen hat er eine Seebestattung, er wird mitten im Hafen die Asche eines Verstorbenen über Bord schütten, in Anwesenheit der Angehörigen. Dieser Abschied werde immer beliebter, sagt van Ham, gerade bei den Menschen in *suburbia*. Wenn es schon nicht für ein Haus mit Millionärsaussicht auf's Meer reicht, dann wenigstens für ein langes Bad im Hafen. „Die Beachtung der Windrichtung ist beim Verstreuen der Asche entscheidend", sagt van Ham und grinst, „man will schließlich nicht, dass einem Onkel Freddy ins Gesicht fliegt." Sagt's und macht sich auf den Weg nach Hause, irgendwohin in einen Vorort, wo vor nicht allzu langer Zeit noch Kühe weideten. □

Urs Wälterlin, *Schweizer und Korrespondent der* Süddeutschen Zeitung, *lebt außerhalb von Sydney auf dem Land.*

Der neue Passat Variant. Schön und schön groß.

*Bei einer Laufzeit von bis zu 36 Monaten im AutoCredit und bis zu 48 Monaten im ClassicCredit.
Abbildungen zeigen Sonderausstattungen.

MERIAN|TIPP Drei Tage in Sydney

Den ersten Tag sollten Sie mit den Ikonen der Stadt beginnen: Die Führung im Sydney Opera House (www.soh.nsw.gov.au) ist ein Muss, ebenso das Besteigen der Hafenbrücke (www.bridgeclimb.com.au) wie auch das Queen Victoria Building: eine riesige Passagenwelt von 1898 im byzantinischen Stil mit 200 Shops, Restaurants, Cafés. Die Schönheit der Stadt erlebt man am besten während einer Fahrt durch den Hafen: Mehrere Unternehmen bieten Touren von unterschiedlicher Dauer und Preislage an. Zwei bewährte Anbieter sind Matilda Cruises (www.matilda.com.au) und Waratah Adventure Tours (www.waratahadventures.com.au/index_en_2003.html).

Der zweite Tag ist Strandtag: Nur 15 Minuten benötigt der Bus von der Innenstadt zum Bondi Beach. Doch Bondi (sprich: Bondai) ist nicht unbedingt der schönste Strand; wer dem Touristenstrom ausweichen will, sollte sich weiter südlich orientieren – Bronte Beach oder Coogee sind attraktiv, aber nicht so überfüllt wie Bondi. Tipp: Ein Spaziergang von Coogee nach Bondi auf einem direkt über den Meeresklippen gelegenen Weg ist ein eindrucksvolles Erlebnis. Nach so viel Wasser bietet sich ein Besuch in einem der neuesten, zugleich aber auch besten Fisch- und Meeresfrüchterestaurants der Stadt an: Sugaroom (www.sugaroom.com.au) im Stadtteil Pyrmont wird vom Jungstar Greg Anderson geführt und hat sich binnen kürzester Zeit einen Namen als Spitzenrestaurant gemacht.

Am dritten Tag sollten Sie einen Ausflug in die Blue Mountains (s. S. 122) westlich von Sydney machen (auch im Programm von Waratah Adventure Tours). Der Blick auf die „Three Sisters" – eine massive Felsformation – ist der Höhepunkt dieser Eintagesreise. Den letzten Abend verbringt man am besten auf der exklusiven Dachterrasse des Hotels Intercontinental (www.sydney.interconti.com). In der Club Lounge hat man alle Chancen, den einen oder anderen Filmstar beim Aperitif zu treffen und das bei einer Aussicht auf Oper und Hafenbrücke!

Cappuccino-Bar im Queen Victoria Building, dem Shopping-Tempel aus der Zeit des Empire

>> weitere Tipps im Infoteil ab Seite 114

Beim neuen Passat Variant müssen Sie sich nicht entscheiden. Weder zwischen Eleganz und Größe. Noch zwischen Komfort und Flexibilität. Das liegt am aufregenden Design und dem großen Raumangebot genauso wie an den vielseitigen Ablagemöglichkeiten, dem aufstellbaren Ladeboden und nicht zuletzt an der elektronischen Parkbremse. Sogar die Finanzierung wird Ihnen leicht gemacht – mit einem **effektiven Jahreszins von 1,9 %** über die Volkswagen Bank.* Nur eine Entscheidung müssen Sie noch treffen: wann Sie ihn Probe fahren. Weitere Informationen unter 01802/Volkswagen (0,06 €/Anruf).

Aus Liebe zum Automobil

Im Riff leben mehr als 300 Korallenarten. Die Fächerkoralle entfaltet ihre filigrane Blattkunst aus Kalk

Welt der Wunder

Great Barrier Reef

Der bunteste Lebensraum der Erde ist das 2400 Kilometer lange Korallenriff vor der Ostküste Australiens. Seine überwältigende Pracht zieht Taucher immer aufs Neue in die Tiefe

GREAT BARRIER REEF | QUEENSLAND

Türkisblaues Kunstwerk aus 2900 Einzelriffen: Seine Erbauer sind Steinkorallen und Kalkalgen, die nur bei ganz bestimmten Wassertemperaturen und -tiefen gedeihen

Ferienresort von überirdischem Luxus: Lizard Island, das nördlichste bewohnte Eiland, ist anders als alle anderen – ganz aus Granit, aber mit Korallenriffen gleich vor dem Sandstrand

Ein grandioser Swimming-Pool der Evolution

Das Korallenriff bildet die Lebensgrundlage für über 1500 Fischarten: Der Juwelenzackenbarsch lässt sich von der Weißbandputzergarnele pflegen

Whitehaven Beach: Fünf Kilometer lang ist der Strand auf der schönsten aller 74 Eilande der Whitsundays. Nur sieben dieser meist vulkanischen Inseln sind bewohnt

Inseln, dem
Paradies so nah

Ein Kaleidoskop aus
flirrend bunten Lebewesen

Unwirkliche, überwältigende Fülle der Schöpfung: Ein Schwarm Juwelenfahnenbarsche gleitet über Weichkorallen

Great Barrier Reef

Das Riff beeindruckt zunächst durch seine Zahlen: Mit einer Fläche von etwa 350 000 km² ist es eines der größten „Lebewesen" und wurde zum Unesco-Weltnaturerbe erklärt. Mehr als 10 000 Jahre alt, erstreckt es sich parallel zur Küste Queenslands rund 2400 km von der Spitze Cape York bis Gladstone/Bundaberg (Nord-Süd-Richtung). Seine Breite variiert von 40 km bei Lizard Island bis zu 370 km bei Mackay. Zwischen 2 900 Riffen, 71 Koralleninseln, 4000 Weichtieren, 1 500 Fisch- und 300 kaleidoskopischen Korallenarten schnorchelt und taucht es sich vorzüglich. Hier überlebt die weltweit gefährdete Meeresschildkröte und die Seekuh. Mehr als 30 historische Schiffswracks sind bekannt, von denen das Passagierschiff *RMS Quetta* vor Cape York ganz im Norden eines der best erhaltensten ist. www.diversionoz.com

Inselvielfalt Zwischen Riffgürtel und Küste liegen um die 900 Inseln, doch nur 20 sind touristisch erschlossen. Die wenigsten sind eindeutige Koralleninseln: Es handelt sich eher um Landflächen, die durch den Anstieg des Meeresspiegels nach der letzten Eiszeit vom Festland abgetrennte Kontinentalinseln bildeten. Die drei schönsten des tropischen Nordens sind Lizard, Bedarra und Dunk Island, sie bieten mit ihren einmaligen Stränden Entspannung für Geist und Seele, zusätzlich garantieren Flora und Fauna des Dschungels abenteuerliche Erlebnisse. Weitere Trauminseln: Hamilton, Daydream, Hayman, Magnetic, Green, Heron und Brampton. Letztere warten mit glasklaren Lagunen auf. Die größte Sandinsel der Welt ist Fraser Island. Übernachtungspreise auf den Inseln sind in der Regel hoch, im Kingfisher Bay Resort auf Fraser Island kostet ein DZ ab 270 A$. Doch gibt es Unterkünfte von Luxushotels bis zu Campingplätzen (z. B. auf Lizard Island und Frazer Island). www.australien-pacific.de oder www.reisebine.de

Aktivitäten Gut für's Tauchen lernen sind die Küstenstädte Cairns und Townsville. Angeln, Tauchen und Schnorcheln lohnt sich auf Heron Island, dort leben 70 Prozent aller Korallenarten. Der „Schneesturm" im Barrier Reef während der Korallen-Fortpflanzung im November ist ein wundersames Taucherlebnis. *Buchtipp: Neville Coleman, Great Barrier Reef, Delius Klasing 1997*. Eine andere Möglichkeit, die ate beraubende Schönheit der Küstenregion zu genießen, i das Wandern in den unberührten Nationalparks wie Eungella. www.epa.qld.gov Spaziergänge auf den Whitsunday Islands mit ihre kilometerlangen weißen Str den sind grandios. Auf Bush Atoll, Michaelmas Cay und Low Isles können Wasserscheue bei Ebbe farbenprächtige Korallen pur erleben. Buschpfade auf Dunk und Fitzroy Island bieten unter B nanenblättern und Kokospalmen die nötige Kühle. A den Häfen laufen Boote zu Tagesausflügen ebenso aus Charterschiffe für drei- bis zehntägige Kreuzfahrten www.fantasea.com.au

Anreise Flughäfen gibt es in Cairns und Brisbane im No wie Südteil des Great Barrie Reefs. Dazwischen liegen kl nere Flughäfen, die von loka len Fluggesellschaften bedie werden. www.queensland.c
Annett Rensing

Meeresbiologie
Wie geht's dem Riff?

Um Erforschung und Erhalt des Riffs kümmert sich die Great Barrier Reef Marine Park Authority. Dort arbeitet auch die deutsche Meeresbiologin Kirsten Michalek-Wagner. Mit ihr sprach Marc Bielefeld

MERIAN: In der Länge der Entfernung von Oslo nach Tunis entsprechend, flächenmäßig so groß wie Deutschland, ist das Great Barrier Reef mit über 900 Inseln eines der faszinierendsten Korallengebiete der Welt. Ein Magnet für Taucher wie Wassersportler. Wie geht es dem Riff?
Michalek-Wagner: Es ist gestresst! Das wohl größte Problem ist die Korallenbleiche. Es gab sie immer, aber durch die globale Erwärmung nimmt die Intensität der Korallenbleiche zu, und die Intervalle zwischen den Jahren, in denen die Korallen bleichen, werden immer kürzer. Das bedeutet, dass die Korallen keine Zeit mehr haben, sich zu erholen. Es ist, als ob man ständig erkältet ist – irgendwann wird daraus eine Lungenentzündung, im Extremfall sterben die Korallen ab. Doch das ist nur eines der Probleme. Nimmt man dazu verschlechterte Wasserqualität, Auswirkungen durch Überfischung, muss man sich ernsthaft Sorgen machen: Alle Einflüsse zusammen sind der „death by a thousand cuts" – Tod durch tausend kleine Schnitte.
Ist das Schuld des Menschen?
Ja, denn abgesehen von der globalen Erwärmung trägt auch die Kultivierung des Landes Schuld. Vor hundert Jahren war fast die ganze australische Küste vor dem Riff bewaldet. Heute ist fast alles Agrarland, von dem Mengen an Düngern und Pestiziden ins Meer gelangt sind und noch immer gelangen. Vor allem an den küstennahen Riffen ist der Einfluss des Menschen sehr deutlich zu sehen.
Wie macht sich dieser Einfluss bemerkbar?
Vor allem das Absterben küstennaher Korallen, aber auch die explosionsartige Ausbreitung der Dornenkronenseesterne ist ein riesiges Problem. Es handelt sich hierbei um einen Korallen fressenden Seestern, der im Durchmesser bis zu einem Meter groß wird. Jedes Weibchen kann bis zu 60 Millionen Eier in einer einzigen Laichsaison produzieren. Zurzeit werden jährlich mehrere Millionen Dollar ausgegeben, um diese Epidemien in den beliebten Tauchgebieten zu bekämpfen.
Wieviel ist vom Urzustand des Riffs noch erhalten?
Einen perfekten Urzustand gibt es nicht, das Riff ist im ständigen Wandel, weil z. B. Teile immer wieder Wirbelstürmen ausgesetzt sind. Dabei können ganze Korallengebiete über Nacht zerstört werden. Wenn allerdings keine weiteren Störfaktoren hinzukommen, können sich die Riffe in zehn bis zwanzig Jahren wieder erholen. Das Riff befindet sich also in einem permanenten Prozess des Werdens und Vergehens.
Was bringt die Erforschung des Riffs für andere Gebiete?
Jedes Jahr kommen 1,8 Mio. Touristen ans Riff, zum Baden, Tauchen, Segeln – das Riff ist ein riesiger Arbeitgeber: Leidet die Unterwasserwelt, gehen Arbeitsplätze verloren. Auch die Fischerei und die Biotechnologie profitieren vom Riff. Die Meere sind eine gigantische Fundgrube für die Forschung. Wir kennen wahrscheinlich nicht einmal ein Prozent aller Geheimnisse!
Welche Geheimnisse?
Unendlich viele, nehmen wir nur die so genannten „Coral Sunscreens": Korallen sind extremer UV-Strahlung ausgesetzt und haben dagegen einen einzigartigen Sonnenschutz entwickelt. Forscher versuchen, diesen Schutz auch für den Menschen umzusetzen. Es könnte in einigen Jahren also eine Pille oder Creme geben, die uns beim Sonnenbaden einen neuen, sehr effektiven Schutz bietet, ganz nach Art der Korallen.
Viele Riffbesucher kommen zum Tauchen. Aus gutem Grund, am Riff leben mehr als 1500 Fischarten, darunter natürlich auch Haie. Ist das Tauchen gefährlich?
Ach, die alte Geschichte mit den Haien! Die meisten Leute bauen diese Ängste zu Hause auf, weit weg vom Meer. Die meisten Taucher sind am Ende eher betört, weil Haie wirklich scheue und majestätische Erscheinungen sind. Es gibt zwar einige Arten, die dem Menschen gefährlich werden können, aber ich habe in zehn Jahren noch nie eine unangenehme Begegnung gehabt. Versicherungen haben Statistiken herausgebracht, laut denen es fünfzehn Mal wahrscheinlicher ist, am Strand von einer herabfallenden Kokosnuss erschlagen als von einem Hai getötet zu werden.
Worauf sollte man als Taucher, als Schwimmer am Riff achten?
Man sollte das kostenlose Informationsmaterial der Great Barrier Reef Marine Park Authority lesen und die Regeln beachten. Im Norden, wo Salzwasserkrokodile leben, ist es ratsam, die entsprechenden Strände zu meiden. Und wenn die Saison für gefährliche Quallen wie Seewespen oder Irukandji begonnen hat, sollte man einen „Stinger Suit" tragen: Das ist ein dünner Anzug, der vor Berührungen mit den Tentakeln schützt. Und wenn ich durch flaches Wasser laufe, ziehe ich feste Badeschuhe an. Wenn ich dann auf einen Steinfisch trete, wird sein Stachel mich nicht töten oder verletzen. Ein paar einfache Regeln – wer sie beachtet, kann hier jede Menge Spaß haben.
Trifft das für Sie als langjährige „Riffarbeiterin" auch noch zu?
Ja, bei jedem Tauchgang entdecke ich etwas Neues.

Gefährliche Vermehrung: Der Dornenkronenseestern frisst Korallen

Sanfter Start in der Mulligan Bay mit Blick auf den 955 Meter hohen Mount Diamantina

Insel-Trekking
Allein im Paradies

Auf Hinchinbrook Island im Great Barrier Reef warten nur Strände, Meer, Dschungel, superkitschige Sonnenuntergänge. Und kein Mensch. Kann eine Insel traumhaft sein, wenn jede Zivilisation fehlt? Text: Marc Bielefeld

Nina Bay im ersten Sonnenlicht, das den Strand roséfarben leuchten lässt: Tropischer Regenwald säumt die weißen Sandstrände der Ostküste

Die ersten Schritte auf der Insel, die kein Telefon hat, keine Straße und keinen Menschenlärm kennt, führen über Gold. Der Strand von Mulligan Bay liegt vor mir, rechts das petrolblaue Meer, links der Saum des Regenwaldes, dahinter die grün überwucherten Berge. Im Sand sind Spuren zu sehen. In der Nacht waren offensichtlich Krebse, Echsen und Kängurus hier. Jetzt ist der Strand völlig einsam, kein Geräusch, kein Zeichen von Zivilisation. Nur Sand und Meer und Hitze.

Unter mir funkelt das Gold. Millionen winziger Körnchen liegen im Sand, von der Erdgeschichte so fein zerwaschen, dass es Monate dauern würde, auch nur ein halbes Gramm zusammenzuklauben. Eine hübsche Ironie, mit der Hinchinbrook Island die Menschen begrüßt. Der Inbegriff allen materiellen Reichtums liegt mir zu Füßen. Aber ich komme nicht daran.

Mein Rucksack schneidet schon nach den ersten zwei Kilometern in die Schultern. Ich habe alles dabei, um sechs Tage allein auf der Insel zu verbringen, länger darf keiner bleiben: Zelt, Kocher, Trockennahrung, Regenjacke, Moskitocreme, Karte, Kompass und einen Tidenkalender, damit ich beim Queren der Priele nicht von der Flut erwischt werde.

Zum Schluss hatte mir Phil, der Spiegelbrille und Hawaiihemd trug und mich mit dem kleinen Boot abgesetzt hatte, noch ein EPIRB in die Hand gedrückt: „Ein Satellitensender. Im Notfall sendet er ein Signal mit deiner Position an die Rettungsstationen. Wenn du nächsten Donnerstag nicht am Treffpunkt bist, schicken wir einen Suchtrupp los." Dann war er wieder in sein Boot gestiegen und bald nur noch ein Punkt auf dem Meer.

Jetzt also bin ich im Paradies: Hinchinbrook Island, eine der größten Inseln im Great Barrier Reef, steht seit 1932 unter Naturschutz. Ein wildes, verschlungenes Reich von der Fläche des Landes Bremen. Ein von stechender Sonne und sintflutartigen Regenfällen heimgesuchtes Eiland, das man nur mit Genehmigung betreten und auf dem man keinerlei Spuren hinterlassen darf. Urwald, Palmen, weiße Strände, warmes Wasser und alle Sehnsüchte im Kopf, die solche Postkartenwelten auslösen. Mal sehen, ob das Paradies auch funktioniert. Oder ob ich in ihm funktioniere.

Nach drei Kilometern biege ich in den Regenwald ein, weil die nächste Bucht von 100 Meter hohen Felsen verbarrikadiert ist. Es ist Nachmittag, das Licht fällt in dünnen Strähnen durch die Wipfel. Noch sehe ich nicht, wohin ich mich bewege, erkenne noch nicht die Bilder, die nie endenwollenden Zeichnungen des Waldes, sondern konzentriere mich nur aufs Gehen. Die Steine in den Flussbetten sind von Moos überzogen und glitschig, die kreuz und quer gewachsenden Stämme so groß, dass man über sie hinwegklettern muss. Ich will mir keinen Knöchel stauchen – es kann Tage dauern, bis sie mich hier finden werden. An meinem linken Arm zieht sich eine Blutspur, weil aus dem Geäst fünf Meter lange Stränge hängen, mit messerscharfen Dornen übersät.

Nach den ersten sechs Stunden ist meine Wasserflasche fast leer. Vier Liter pro Tag braucht der Körper, weil das Marschieren anstrengend ist und die Luft so feucht, dass sie zu schwitzen scheint. Aber fließendes Wasser gibt es genug. Mit schmatzenden Schritten stapfe ich durch einen der Bäche, die das Regenwasser vom knapp 1000 Meter hohen Mount Diamantina ins Meer spülen. Gurgelnd füllt sich die Flasche, das Wasser ist klar und kalt und so rein wie aus keinem Wasserhahn der Welt. Einen halben Liter schütte ich in mich hinein, dann halte ich den Kopf ins Wasser und trinke direkt aus dem Fluss. Das fühlt sich gut an. Weil es nicht beiläufig und selbst-

Ein von den Menschen ungezähmter Schatz: die Dschungellandschaft irgendwo im Süden, feucht, heiß, undurchdringlich

Erfrischungssprung an den Zoe Falls: Wasserfälle und Flussläufe bieten die dringend notwendige Abkühlung

● ● ● ● ● ● ● ● ● ● ● ● ● ● ●
Ich halte den Kopf ins Wasser
und trinke aus dem Fluss

Blick gen Norden: In der Missionary Bay wächst dichter Mangrovenwald – ein Dorado für Wissenschaftler und Refugium der Seekühe

• • • • • • • • • • •
Im Notfall meldet ein Sender **meine Position**

Anfang voller Zweifel: Ist die Ausrüstung perfekt? Welche Tiere sind gefährlich? Was sagt mein Körper zur Hitze? Hält das Zelt?

verständlich geschieht. Hier findet das Trinken seine uralte Bedeutung wieder, Leben.

Um fünf Uhr nachmittags ist es Zeit, das Zelt aufzuschlagen. Um sechs verschluckt der Regenwald das Licht, obwohl über den Wipfeln noch die Abendsonne steht. Aber unten bei den Wurzeln und Ästen wird es düster, um halb sieben stockdunkel. Der Wald scheint das Licht zu fressen. Ich schließe mein Moskitonetz und sehe nichts mehr. Wie eine schwarze Wand steht die Nacht vor dem Zelt.

Zwei Vögel jammern durch den Wald. Ein Trillern, das bald in zartem Gesang endet. Dann wieder Totenstille, und dann schlafe ich ein, bis ich um zwei Uhr nachts von einer Mosaikschwanzratte geweckt werde. Sie hat ein Loch in die Zeltwand gefressen, weil ich meinen Nahrungsbeutel nicht in die Bäume gehängt habe. Ratten riechen alles. Was tun? Das Zelt öffnen und sie rausscheuchen? Da draußen lungern Hunderte dieser Viecher, womöglich würden nur noch mehr ins Zelt hopsen. Ich beschließe, die Ratte zu fangen, mit Taschenlampe und umgestülptem Sonnenhut, und prompt rast sie durchs Zelt, und bald merke ich, wie dumm ich bin und wie dumm mein Ekel vor der kleinen Ratte ist.

Sie würde mir nie etwas tun: Im Lichtkegel sieht sie hübsch aus und kann sogar zirkusreif über Kopf klettern. Statt sie zu jagen, sollte ich ihr eine Tapferkeitsmedaille um den Pelz hängen – Nacht für Nacht streift sie durch den Urwald, kämpft um jeden Bissen und wagt sich in das Revier eines unbekannten Riesen, der fünfzehn Mal so groß ist wie sie. Irgendwann ist sie verschwunden, durch dasselbe kleine Loch, durch das sie gekommen war. Ich klebe es mit einem Pflaster zu.

E s ist jetzt der dritte Tag auf der Insel. Ich habe mich an das Gehen gewöhnt, und langsam lerne ich zu sehen: die Eukalyptusbäume, ihre Reflexionen in den Flüssen, die Adern auf den Blättern, die Lianen, Schlingpflanzen, die unzähligen Schattierungen des Grüns und all den faserigen, triefenden Bewuchs. Daneben helle Triebe, irrwitzig sprießende Orchideen und 50 Meter lange Wurzeln, die sich um die Bäume knoten wie Krakenarme. So nah bin ich den Pflanzen, als würde ich durch den Wald hindurchtauchen. Der Pfad führt hinab in die Eingeweide, in die immerfeuchte Schattenwelt der Berghänge, wo das Licht nur noch in Flusen hindurchflirrt. Ich setze mich auf einen Stumpf, blicke mich um. Ein tiefblauer Ulysses-Schwalbenschwanz fliegt vorbei, und ich muss an Alexander von Humboldt denken, dessen Begleiter 1799 angesichts des südamerikanischen Regenwalds ausrief: „Ich komme von Sinnen, wenn die Wunder nicht bald aufhören."

Aber die Wunder sind so eine Sache. Am vierten Tag verfluche ich das Paradies zum ersten Mal. Weil die Bisse der Sandflöhe jucken, weil ich permanent schwitze, weil ich duschen will und von einem eiskalten Bier träume. Von einer Lichtung erhasche ich einen Blick aufs Meer. In der Ferne hinter Sunken Reef Bay liegen Magnetic und Orpheus Island wie aus dem Meer aufgetauchte Riesenschildkröten. Da drüben haben sie Pools, Restaurants, Bars, Betten.

Der Pfad führt jetzt wieder bergauf, für zwei Kilometer brauche ich drei Stunden. Granitbrocken stehen im Weg, mannshohe Stechbüsche, Lasiandrablüten, Korallenfarne, dann wieder alles grün in grün. Plötzlich ein Zischen neben mir. Bestimmt nur ein Strauch, der den Rucksack gestreift hat. Oder doch eine der elf Schlangenarten, darunter drei Pythons, die auf der Insel existieren? Mit 99-prozentiger Wahrscheinlichkeit werde ich nie eine Schlange zu Gesicht bekommen, aber Städter werden den dummen Gedanken einfach nicht los. Ich haste weiter. Nach zwei Stunden schwillt ein großes Rauschen an, und dann will ich das Paradies wieder umarmen, weil es Zoe Falls erschaffen hat, weil kühlender Sprühnebel herüberweht und der Wasserfall bald wie eine wundervolle Erscheinung aus dem Urwald bricht.

Aus 70 Meter Höhe schießt das silbrige Nass die glattgewaschenen Felsen hinab, bis es in einen Naturpool kracht, der so grün und klar ist, als würde man in einer Glaskaraffe schwimmen. Das Wasser erfrischt, kleine Tropenfische lümmeln darin. Beim Tauchen kann ich sie mit bloßen Augen sehen. Dann lege ich mich auf die heißen Steine, der Wind wie ein Fön auf der Haut, gelegentlich weht der Spray des Wasserfalls herüber, und alle Duschen, Schwimmbäder, Whirlpools dieser Welt sind dagegen lächerliche Menschenerfindungen.

Der fünfte Tag. Die Tütensuppen schmecken nicht mehr, Meine Klamotten stinken, alles ist feucht. Liege nachts stundenlang wach, höre Rattengeräusche. Aus dem Wald gelegentlich ein paar Vögel, sonst ist alles schwarz und still. Bis der Morgen kommt, der Himmel wieder blau und heiß über der Insel schwebt. Vier Stunden Marsch heute. Ich will ans Meer! Die Enge des Dschungels wird beklemmend, die Augen wollen nicht mehr an all den Pflanzen hängen bleiben.

Nach drei Stunden gibt mich der schützende Wald frei, keine Wolke steht am Himmel. Alle 30 Minuten muss ich Sonnenschutz auftragen, sonst würde ich in einer Stunde völlig verbrannt sein – die weiße Haut ist an ein Eden ohne Sonnenschirm nicht gewöhnt. Und dann blicke ich über die letzten Felsen, und vor mir breitet sich jenes Meer aus, das das längste Korallenriff der Welt beherbergt, auf dem die Sonne tanzt wie auf einem Aquarell. Ich renne los. Obwohl ich weiß: Die letzte Ironie hebt sich die Dschungelinsel noch auf.

ANZEIGE

Singapur – Faszination zwischen Tradition und Moderne

Harmonie der Gegensätze

Entdecken Sie die einzigartige Vielfalt Singapurs.

Kennen Sie den fernen Ort voller Magie, wo sich Vergangenheit und Zukunft begegnen, wo sich die Kulturen treffen, in einer Welt aus Gegensatz und Harmonie, aus Tradition und Moderne? Entdecken Sie die einzigartige Vielfalt Singapurs – eine Welt voller faszinierender Facetten zwischen Tropenparadies und atemberaubender Skyline, zwischen unberührter Natur, traumschönen Stränden und pulsierender Weltmetropole. Singapur lässt Sie den exotischen Zauber und die jahrtausendealten Kulturen Asiens, Gastfreundschaft und magische Momente erleben: Sehen, Träumen und Relaxen, Shoppen und Genießen – Singapur ist einzigartig, ist ferner Inseltraum und das vielleicht schönste Ziel Ihrer Asienreise. Entdecken Sie die faszinierende Welt Singapurs. www.uniquely-singapore.com

Zoe Bay hält mir einen weiten, sichelförmigen Strand vor die Nase. Klippen und undurchdringliches Grün markieren die Ufer, davor der makellos türkisfarbene Pazifik. Zehn Zentimeter stehe ich von den seichten Wellen entfernt, schweißüberströmt, aber ich werde mich nicht hineinstürzen. Werde nicht planschen, juchzen. Nicht einen Fuß werde ich in dieses Meer setzen.

In diesem samtenen Meer leben Seewespen, *box jellyfish*, deren Gift tödlich ist. In diesem himmlischen Ozean lauern Seeschlangen, toxische Kegelschnecken, tarnfarbene Steinfische, deren 13 Rückenstacheln dem Opfer ein Sekret unter die Haut jagen, das ihm die Sinne raubt und mit 30-prozentiger Wahrscheinlichkeit sterben lässt.

Und in dem warmen, grünen Wasser treibt *Irukandji*. Ein erdnussgroßes, durchsichtiges Nesseltier, eines der tödlichsten der Meere. Um der Verlockung eines lustvollen Bades zu widerstehen, hatte ich mir eine Broschüre eingesteckt. „Irukandji-Qualle. Unsichtbar. Vier dünne Tentakeln. Wurde schon in fünf Zentimeter flachem Wasser gefunden", steht geschrieben. Eine Berührung verursacht Brennen, Muskelschmerzen, Erbrechen. Anschließend explodiert der Blutdruck, gefolgt von Herzstillstand. Gegen die Begegnung mit einem „Saltie" noch ein schöner Tod: In den Mangroven leben bis zu sechs Meter lange Salzwasserkrokodile. Und sie jagen auch im Meer – man hat ihnen schon halbverdaute Menschen aus dem Bauch geschnitten.

Nein, kein Bad.

Ich setze mich unter einen Baum und blicke aufs Meer. Morgen um zwölf kommt das Boot. Morgen werde ich wieder duschen, Zeitung lesen, in ein Restaurant gehen, mindestens ein Bier trinken. Bis dahin werde ich mich jucken, schweißverklebt das Zelt aufbauen, in einen unfassbaren, wie von Blut getränkten Abendhimmel blicken, werde über 60 Grad heißen Sand laufen, auf die schönste Wasserfarbe blicken, die ich je gesehen habe, und dann mit einem doppelzüngigen Rausch im Bauch in das kleine Boot steigen. Und dann wird sich das, was wir uns so unter dem Paradies vorstellen, langsam wieder breit machen. Als eine ewige Traumwelt in meinem Kopf.

Marc Bielfeld, *freier Journalist, fuhr nach seiner Inselexpedition mit einem Boot weit raus ans Riff, um dort sofort ins Meer zu springen. Eines ohne Seewespen und Krokodile.*

MERIAN | TIPP Hinchinbrook

Die Insel (40 000 ha) liegt vor der Küste von Nordqueensland. Hinchinbrook ist Nationalpark – also ausschließlich Wildnis. Maximal 40 Besucher (höchstens Sechsergruppen) dürfen gleichzeitig auf die Insel und sollten den Thorsborne Trail (32 km) nicht verlassen. Unbedingt rechtzeitig (sechs Monate vorher) beim „Queensland Parks and Wildlife Service" Genehmigung beantragen, in der Hauptsaison von April bis September ist der Andrang sehr groß.
Die Besucher sollten fit sein und Erfahrung im Bushwalking haben. Karten, Satellitensender, Tipps und Lektüre über Flora und Fauna sind beim Park Service erhältlich.
Insel-/Camping-Gebühren: 4 A$ pro Pers. und Nacht, Tel. (07) 40 66 86 01, in Queensland gebührenfrei Tel. 13 13 04, www.epa.qld.gov.au

Hinchingbrook Island Wilderness Lodge & Resort
Im äußersten Norden und in Gehweite von zwei schönen Stränden gibt es eine Eco-Lodge, die geräumige Baumhäuser mitten im Regenwald anbietet, aber auch einfache Strandhütten. Im Preis inbegriffen sind viele Sportangebote.
www.hinchinbrooklodge.com.au

Bootscharter und Transfer
Im Süden von Lucinda aus **Wilderness Safaris** Tel. (07) 47 77 83 07
www.hinchinbrookwildernesssafaris.com.au.
Im Norden von Cardwell aus **Hinchinbrook Island Ferries** Tel. (07) 40 66 82 70
www.hinchinbrookferries.com.au

Alternative zum Zelt: ein Baumhaus der Wilderness Lodge

George Point, der Ankunfts- und Abfahrtsort: Die Richtung der Tour ist dem Wanderer überlassen

A Kunstprojekt zum Thema „Zurück ins Wasser" aus dem Jahr 2004.
B Öffentliche Massenhypnose in Indonesien.
C Indonesische Studenten bei einer Aktion zur Rettung der Meeresschildkröten.

1 Eine bunte Stadt, in der Rucksacktouristen wie Cam und Emma eine Erwerbsnische für ihre „nächste Ewigkeit" gefunden haben: Die Kanadier verdienen sich Geld mit Gesichtsbemalung **2** Alles ist irgendwie bio: Jonson Street, die Hauptstraße von Byron Bay **3** Nach dem Großvater Lord Byrons benannte James Cook den östlichsten Punkt Australiens: Die Aussicht vom Captain Cook Lookout auf Tallow Beach ist berauschend

Oh Happy Bay

Im Wasser tummeln sich Delfine, die Strände sind superb, Restaurants und Cafés exzellent, der Ort ist voller Touristen und alle sind fröhlich entspannt und gut gelaunt: Andrea Lepperhoff **über Byron Bay, das Wunderland der Selbsterfahrung**

BYRON BAY | NEW SOUTH WALES

Durch zuckerwatteweißen Sand zum Leuchtturm laufen. Das ist mein Logenplatz, wenn frühmorgens die ersten Sonnenstrahlen Cape Byron treffen, den östlichsten Punkt des australischen Kontinents. Surfern und Delfinen beim Wellenreiten zusehen. An den Julian Rocks abtauchen zu Tintenfischen und kleinen Haien. Den Pfad zum Mount Warning hochstapfen. Später im Café Wunderbar „LSD" bestellen – Kaffee mit Sojamilch. Abends krakeelen Kakadus in den Baumwipfeln. Ich hätte nichts dagegen, jeden Tag Teil dieser glücklichen Welt zu sein. Das kleine Byron Bay im nördlichen New South Wales ist gerahmt von endlosen Stränden und subtropischem Regenwald, bunt und „laid back", schön entspannt und gut gelaunt. Lebenskünstler und Künstler, Berufs-Hippies und Business-Leute sind hier zu Hause. Auch viele Sydneysider, die das *rat race* satt hatten – Rattenrennen nennen Australier das Streben nach Ansehen und Karriere. An Unterhaltung fehlt es

„Suche Mitbewohner für Apartment. Reif, drogenfrei, spirituell bewusst, zumindest tolerant und easy-going."

Es hat sich wenig geändert. Immer noch reihen sich Naturkostläden und New Age Shops auf Lawson und Jonson Street aneinander. Jeder echte Byronier kauft sein Bio-Gemüse auf dem Bauernmarkt an der Butler Street und zum Schulmediziner geht er ungern: Man vertraut sich lieber Akupunkteuren, Chiropraktikern, Homöopathen, Hypnotiseuren, Kinesiologen, Masseuren und Schamanen an, die hier in Scharen praktizieren. Tierheiler gibt es natürlich auch. In den 60er Jahren von Surfern entdeckt, dann von Hippies in Besitz genommen, scheinen die 70er Jahre hier eine Nische für die Ewigkeit gefunden zu haben. Ihren alternativen Lifestyle verteidigen wohlhabende Villenbesitzer am Watego's Beach ebenso überzeugt wie zottelige Langzeit-Backpacker.

Geschlossen machte man Front gegen McDonald's und Club Med, bis beide Unternehmen ihre Investmentpläne zu den Akten legten. Nackt

1

Hip, Hippie, Harmonie
Westlicher Geschäftssinn, östliche Bewusstseinslehren und individuelle Glücksvorstellungen sind die Melange, die Byron Bay für so Viele attraktiv macht

ihnen nicht. Abends spielen Livebands in der „Railway Friendly Bar", Australiens coolste DJs legen im „C-Moog" auf, zum Chill out trifft man sich in der „La La Land"-Lounge Bar. Und jedes Jahr zu Ostern bringt das „Blues & Roots Music Festival", bei dem Stars aus aller Welt auftreten, ganz Byron auf die Beine. Gefeiert wird auch die Literatur. Zum „Writers Festival" reist die Spitze der Szene an, Schriftsteller lesen aus ihren Werken und geben in Workshops Neu-Autoren verbale Hilfestellung.

Nur Erst-Besucher empfinden Byron als kurios: Staunend ging ich vor fünf Jahren am Main Beach entlang – dort hockten lauter Leute, die meditierten und trommelten und sich selbst suchten. Vor der Kasse des lokalen Supermarktes wurde ernsthaft das Thema „Karma und Wiedergeburt" diskutiert. An Pinwänden in der Stadt hing die Einladung zur „Tantra-Gruppe" neben einer Fahndung:

formierten sich die Frauen von Byron zum Peace-Zeichen, um gegen den Einsatz australischer Truppen im Irak zu protestieren. Kriegsgegner probieren gerade den „Byron Peace Carnival" als Event zu etablieren.

Ärger aller Art wird einfach weggeatmet – kaum ein Einheimischer, der nicht auf der Yoga-Matte steht, denn intensive Körpererfahrung ist essentieller Teil der Byron-Wirklichkeit. Bei „Yoga Arts", die Adresse für Lehrer-Ausbildungen, ist jedes „Teacher Training" ausgebucht. Viele Schüler kommen aus Europa und Amerika. Erleuchtung fällt zwar nicht vom Himmel, Tatsache aber ist, dass in Byron jeder etwas für sich finden kann: Flexibilität. Entspannung. Leichtigkeit. Inspiration. Oder einfach nur Spaß. □

Andrea Lepperhoff *macht Ferien am liebsten auf der Yogamatte down under: Den Tag beginnt sie mit 108 Sonnengrüßen und taucht dann im Pazifik ab.*

1 Sandskulpturen gehören zur Spaßkultur der Erwachsenen
2 Auf dem Markt in Bangalow wird mit dem Schicksal gehandelt **3** „Beautiful" verkauft am Strand positive Energien – er bietet Komplimente gegen Geld **4** Jeder braucht in Byron Bay mindestens ein Brett: Surfshop auf der Jonson Street

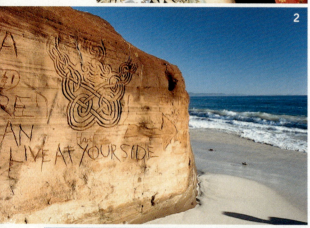

1 Hier werden fast alle Wünsche wahr: Fußmassage auf dem Markt von Bangalow **2** Momentkunst: Sandgraffiti am Belongil Beach **3** Das Wahrzeichen von Byron Bay ist der Leuchtturm von 1901, der seinen eigenen Lighthouse Sheriff hat **4** Längst hat die Prominenz Byron Bay entdeckt: Patio der Nobelherberge „Rae's on Watego's"

MERIAN|TIPP Byron Bay

ÜBERNACHTEN
Acqua Am Tallow Beach vermietet Maree Randerson zwei hübsche Apartments. Von Juni bis Okt. ziehen Wale vorbei.
140 Alcorn St
Tel. (04) 11 51 53 53
www.byron-bay.com/acqua
Barbara's Budget Accommodation Renoviertes Farmhaus, fünf Minuten vom Strand. Wohlfühl-Zimmer mit eigenem Bad, Veranda.
5 Burns St
Tel. (02) 66 85 78 42
www.byron-bay.com/barbarasbnb
Rae's on Watego's, Herberge der Stars, gehört zu den schönsten Hotels der Welt. Im Stil mediterran und marokkanisch.
8 Marine Pde.
Tel. (02) 66 85 53 66
www.raes.com.au

ESSEN UND TRINKEN
Café Succulent In der Sonne sitzen bei frisch gepresstem Tropenfruchtsaft und knackigem Salat mit Seafood.
3/8 Byron St
Tel. (02) 66 80 71 21
Café Viva Treffpunkt der Byronier zum Frühstück und Lunch. Nina serviert täglich frische Suppen, üppige Sandwiches.
5 Carlyle St
Tel. (02) 66 85 78 71
Café Wunderbar Andrea und Uschi backen gehaltvolle Kuchen und Torten, ihre europäischen Rezepte sind Schwarm der Einheimischen.
Fletcher St
Tel. (02) 66 85 59 09
Fins at the Beach Hotel Frische Fische, knackige Bio-Salate, ungewöhnliche Cross-over-Rezepte.
Ecke Jonson / Bay St
Tel. (02) 66 85 50 29
Fishmongers Kult-Imbiss mit Terrasse: Fangfrische, gegrillte Fische mit Salat. Tipp: Thunfisch oder Schwertfisch.
Bay Lane, Tel. (02) 66 80 80 80

SHOPPEN
Abraxas Buchladen mit Neuerscheinungen zu Geist-Seele-Körper aus aller Welt.
13 Lawson St
Tel. (02) 66 85 57 78

AUSFLÜGE
Leuchtturm Cape Byron ist der östlichste Punkt Australiens. Atemraubend schöner Anblick, wenn die ersten Sonnenstrahlen den Kontinent treffen.
Mount Warning Die Trekkingschuhe schnüren und zwei Stunden durch den Regenwald zum Gipfel stiefeln – das letzte Stück ist steil. Belohnung: weiter Blick über die ganze Region.

AKTIVITÄTEN
Kajak-Exkursionen zu Delfinen: 3-stündige geführte Touren bietet Byron Bay Sea Kayaks, ab 40 A$, 62 Carlyle St
Tel. (02) 66 85 58 30
Tauchen Die Julian Rocks sind grandios. Kurse und Tauchgänge bietet Sundive an. Tauchgang mit Equipment ab 130 A$
8 Middleton St
Tel. (02) 66 85 77 55
www.sundive.com.au
Surfen Anfängerkurse, Lehrgänge, Personal Training bietet Style Surfing, ab 60 A$
2/2 Sandpiper Court
Tel. (02) 66 85 56 34
Yoga Byron hat die größte Dichte an Yogalehrern außerhalb Indiens. Gut: Yoga Arts. 90 Min.-Klasse 12 A$
6 Byron St, Tel. (02) 66 85 56 50
www.yogarts.com.au

AUSGEHEN
La La Land Lounge Bar mit Outdoor-Terrasse. 6 Lawson St
Tel. (02) 66 80 70 70
C-Moog Tanzclub mit den heißesten DJs des Landes.
1 Jonson St
Tel. (02) 66 80 70 22
Railway Friendly Bar Pub, Musikbühne im ehemaligen Bahnhof. Relaxte Atmosphäre, akzeptable Küche. Railway Station, Tel. (02) 66 85 76 62

INFOS IM INTERNET
www.byron-bay.com: Website mit Guesthouses, Hotels, Apartments, News. www.planetbyron.com: alle Adressen auf einen Blick. www.byronbay-writersfestival.com.au: Lesungen, Veranstaltungen. www. bluesfest. com.au: Infoseite zum East Coast Blues & Roots Music Festival

IHRE EINTRITTS-KARTE ZU DEN SCHÖNSTEN REISEZIELEN.

DER MERIAN NEWSLETTER.

KARTE SCHON WEG? BESTELLEN SIE DEN NEWSLETTER UNTER WWW.MERIAN.DE UND GEWINNEN SIE 5 X 1 JAHRESABO!

Entdecken Sie die Lust am Reisen immer wieder neu. Bestellen Sie den MERIAN Newsletter per Postkarte oder unter www.merian.de. Monatlich informiert Sie MERIAN per E-mail über aktuelle Reisethemen, neue Produkte und Angebote zu besonders günstigen Preisen. So erfahren Sie als erster von attraktiven Zielen, wichtigen Informationen und nützlichen Tipps für den Reisegenuss mit allen Sinnen!

MERIAN
Die Lust am Reisen

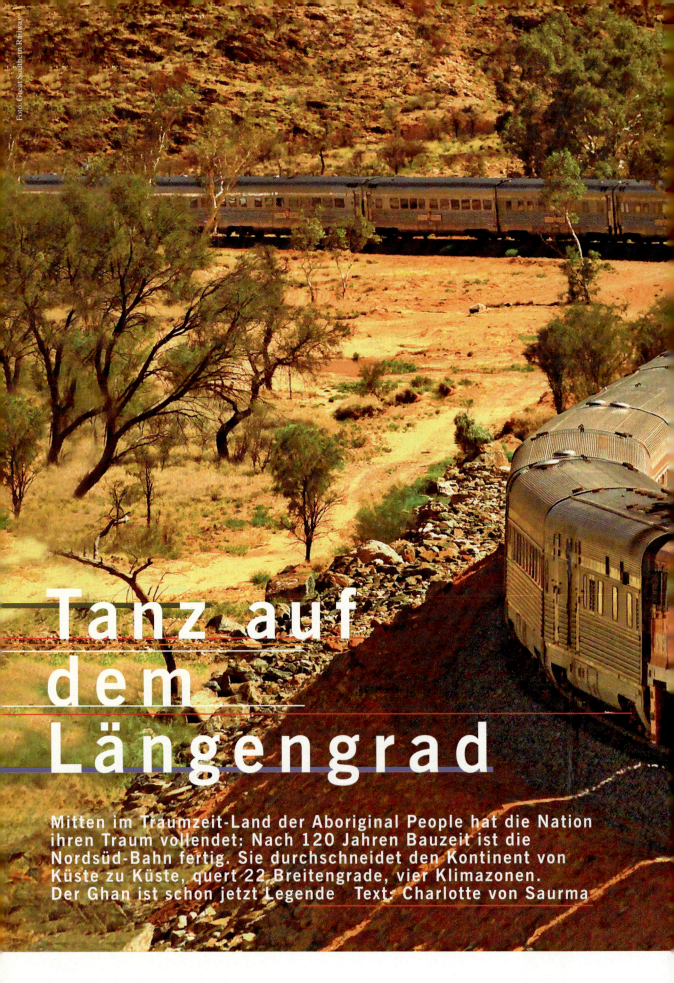

Tanz auf dem Längengrad

Mitten im Traumzeit-Land der Aboriginal People hat die Nation ihren Traum vollendet: Nach 120 Jahren Bauzeit ist die Nordsüd-Bahn fertig. Sie durchschneidet den Kontinent von Küste zu Küste, quert 22 Breitengrade, vier Klimazonen. Der Ghan ist schon jetzt Legende   Text: Charlotte von Saurma

Mit dem Ghan fast 3000 Kilometer durch Australien: Das einstige Abenteuer der Bahnpioniere ist auch heute immer noch aufregend

Die erste Hälfte war eine Heldentat

Foto: Patrick Loertscher

John besaß nicht nur die Attitüde eines Animateurs – er wusste auch, wie er uns aus der sicheren Tiefe der geblümten Clubsessel herauskatapultieren konnte: „And you, young lady," hauchte er ins Mikro, „würden Sie uns bitte etwas von sich erzählen?" Ungefähr 30 Menschen drehten sich nach mir um, jeder eine Sektflöte in der Hand. Verlegenes Gekicher, wer würde sich als nächster outen müssen?

Wir alle waren von John über Lautsprecher in die Lounge gebeten worden, zum Pre-Dinner-Geplauder. Und sollten uns, so das Protokoll, in der Sesselrunde besser kennen lernen: Alister & Barbara aus Brisbane, George & Mary aus Melbourne, Edward & Karina aus Atlanta in ihren Flitterwochen. Mit Sicherheit keine Blitzheirat, denn für die Erste-Klasse-Tickets muss man zurzeit mit einer Wartezeit von einem Jahr rechnen.

John ist Chefsteward im neuesten Luxuszug der Welt, „The Legendary Ghan", und sollte uns auf der 2979 Kilometer langen Reise von Adelaide nach Darwin australisch locker bei Laune halten. Die Eisenbahnlinie durchschneidet den Kontinent von Süd nach Nord und trifft dabei auch das einsame, grandiose, weil flammend rote Herz Australiens.

In Adelaide ganz im Süden waren wir auf dem Bahnhof von einer Art Senioren-Fußballmannschaft in Uniform – das gesamte Zugpersonal – empfangen worden.

Von da an umwehte uns ein Resthauch vom Geist des New Frontier: Als würde die 47-stündige Reise noch immer dieselbe Heldentat sein, die der Bau der Bahnstrecke Adelaide–Alice Springs vor rund 100 Jahren gewesen war. Australiens Entdeckung, Besiedlung und also Geschichte ist eng verbunden mit dem Bau von Transportstrecken. So folgten die alten Bahngleise des Ghan (heute verläuft die Strecke westlicher) der Route des Entdeckers John McDouall Stuart, der 1861/62 unter großen Strapazen den

Nahe an den Devils Marbles führt die Bahntrasse vorbei: Hier liegen 115 Kilometer südlich von Tennant Creek und auf 1800 Hektar verstreut gigantische Granitbrocken. Für die Aboriginal People sind sie ein Heiligtum, Karlwe Karlwe – die Eier der Regenbogenschlange

Ein Hauch von Grand Tour: Vor der Abfahrt des Ghan vom Keswick Rail Terminal in Adelaide übernimmt das Zugpersonal die Sorge um das Reisegepäck

Der Traumpfad der Weißen ist eingleisig: Über 2979 Kilometer lang ist die Strecke, nur auf Bahnhöfen und Ausweichstellen können Züge aneinander vorbeifahren

www.merian.de MERIAN 71

Tagesausflug von Darwin: Felsmalerei im Kakadu National Park im „Röntgen-Stil". Die Zeichnungen mit sichtbaren Teilen des Skeletts und inneren Organen sind bis zu 20 000 Jahre alt. Am Nourlangie wie am Ubirr Rock gibt es eine Fülle solcher Bildgalerien

Foto: Holger Leue

Alles erste Klasse bei „Gold Kangaroo": Draußen nichts als Wüste und drinnen kümmert sich der Chef um opulente Menüs

Stopp auf der Strecke: Von Katherine aus werden Touren zum Nitmiluk (Katherine Gorge) National Park organis

...die zweite Hälfte eine Materialschlacht

Kontinent von Süd nach Nord durchquerte und damit für die Gründung der Stadt Alice Springs verantwortlich war; fast ein Jahr brauchte er für seine Expedition. Doch erst Anfang 2004 wurde die zweite Hälfte der Bahnstrecke fertig gestellt – führen die Schienen von Alice Springs nach Darwin.

Dieser finale Bau war allerdings nichts gegen die Verlegung der ersten Gleise ab 1878: Männer wurden beim Bau wahnsinnig, Pferde verdursteten, Termiten, Feuer, Überflutungen wüteten – bis man endlich mit Hilfe von afghanischen Kamelkarawanen, die noch Anfang des 20. Jahrhunderts das einzige Transportmittel im Outback waren, die Strecke errichten konnte. Daher der Name: Mit der ihnen üblichen Lust auf linguistische Diminutive verkürzten die Australier „The Afghan Express" zu „Ghan". Und weil man die Tiere nach Bauende freiließ, gibt es im australischen Outback noch heute wilde Kamelherden. In den Anfangsjahren war die Bahnfahrt noch ein Abenteuer und legendär jener zweiwöchige erzwungene Halt auf freier Strecke, bei dem der Zugführer Wildgänse schoss, um die Passagiere zu verköstigen. „Never Never Train" heißt der Ghan auch im Volksmund, weil er zwischen Alice Springs und Darwin durch das Never Never genannte Niemandsland fährt. Und weil viele selbst im 21. Jahrhundert nicht glaubten, dass er jemals in Darwin ankommen würde.

Der Bau der zweiten Strecke war denn auch eine gigantische Material- und Geldschlacht. Dauerte es bis zum Beschluss 70 Jahre, so brauchte die Fertigstellung der 1420 Kilometer gerade mal zweieinhalb Jahre. Die Trasse kostete 800 Millionen Euro, 145 000 Tonnen Stahl wurden verarbeitet, sie führt über 97 Brücken, über 22 Breitengrade und vier Klimazonen. Der Zug, den bis zu drei Dieselloks mit je 4000 PS ziehen, fährt durchschnittlich 90 km/h: Das ist ziemlich langsam und entspricht dem gefühlten Altersdurchschnitt der Mitreisenden.

Es ist 20 Uhr. Längst hat der Ghan sich aus Adelaide rausgetrödelt, die 15 Edelstahlwaggons glänzen schon lange nicht mehr in der Sonne, dann Farmen, dann Weiden, dann Dunkelheit auf der Höhe von Port Augusta. Danach beginnt das Outback – keine silbergrauen Salzbüsche mehr, keine Schafe, nur ab und zu ein Rind. Drinnen amüsiert man sich prächtig, *it's dinner time*: Mit routinierter Liebenswürdigkeit wird ein Vier-Gänge-Menü serviert, dazu ein passabler Riesling aus dem Barossa Valley auf Höhe der Flinders Ranges. Man kommt ins Gespräch, meine Tischnachbarn sind alle tatendurstige Rentner – das Auto huckepack auf dem Zug, wollen sie weit rumkommen: Man fährt Bahn, weil man es will, nicht weil er billiger ist als der Bus, bequemer und schneller als das Flugzeug. Mit letzterem hätte es gerade mal vier Stunden gebraucht. „Jetzt haben wir endlich Zeit, unser Land kennen zu lernen", so die Australier und finden alles *very romantic*. Die wenigsten kennen das Outback, denn für die Städter Australiens ist der Busch psychologisch so weit entfernt wie der Mond.

Die „Gold Kangaroo" (1. Klasse) gibt sich den luxuriösen Anschein von Orient-Express. Mehr Schein als Sein. Als ich in meine Dusche schaue, überkommen mich Aeroflot-Assoziationen; das stählerne Innere lässt sich auf der schmalen Seite komplett ausklappen – sowohl Waschbecken wie auch Toilettenschüssel springen mir entgegen. Das Zurückklappen mitsamt Inhalts hingegen hat eindeutig Campingqualität und braucht dennoch hohe Sensibilität. Wie man in dem Ein-Quadratmeter-Winzbad sich zu zweit restaurieren kann, bleibt ein Rätsel. Überhaupt ist der Zug hauptsächlich legendär: Nachts sind die Zugbewegungen so heftig, dass ich trotz weißer Bettwäsche inklusive Bügelkante das Gefühl habe, auf einem Kartoffelsortierband zu liegen. Am nächsten Morgen dann Schlafvergleich am Frühstückstisch bei Toast und *orange cut*: Alle haben gleich wenig geschlafen, alle exakt zwei Stunden. Des Rätsels Lösung: Jene 120 Minuten stand der Luxuszug, während er darauf wartete, dass der

Zug um Zug Viehzeug und Güter

entgegenkommende Frachtzug passierte. Denn der Ghan ist fast durchgehend nur eine einspurige Bahn.

Die viel zu kurze Schlafpause aber hat vor allem den Grund, dass die Züge in erster Linie Güter transportieren. Bislang mussten die per Lkw geliefert werden. Die neue Strecke aber gehört zum größten Teil einem internationalen Konsortium, und größter Anteilseigner ist die US-Firma Halliburton – der neue Schienenstrang dient also außer Lastentransport auch strategischen Interessen: der australischen und amerikanischen Präsens im Großraum Südostasien. Denn die Endstation Darwin liegt näher an der indonesischen Hauptstadt Jakarta als an Australiens Hauptstadt Canberra. 800 000 Tonnen Früchte, Bodenschätze, Vieh und Rüstungsgüter sollen jährlich befördert werden, täglich verkehrt hier ein Zug von 1,6 Kilometer Länge, doppelstöckig mit Containern. Es sind ehrgeizige politökonomische Interessen, die die neue Nabelschnur möglich gemacht haben, nicht australischer Pioniergedanke. „The Legendary Ghan" ist in Wahrheit nur das hübsche Sahnehäubchen oben auf.

Sieben Uhr morgens. Es ist, als ob vor dem Aufwachen irgend jemand das Australien da draußen ausgewechselt hat. Der die grüne, bewirtschaftete Gewächshauslandschaft weggepackt und das endlos rote, menschenleere Australien ausgebreitet hat. Verkümmerte, verwachsene Bäume krümmen sich an den absurdesten Plätzen, wo sie von den heißen Nordwinden gestoßen werden. Man kann sich kaum etwas Leereres, Flacheres, Toteres vorstellen – es scheint das älteste, heißeste, trockenste, staubigste, gottverlassenste Stück Erde der Erde. Ich starre aus dem Fenster, hypnotisiert von der Öde und während das Land vorbeiflitzt, kommt es mir vor, als ob ich ein Störbild auf dem Fernseher anschaue – meine Augen beginnen, Fantasiebilder zu sehen. Ganz selten einmal ein Rind – oder war das nicht doch nur ein vom Wind zusammengewehter Haufen Salzbüsche?

Am späten Vormittag kommen wir in Alice Springs an, der berühmten Stadt des Outback, die inmitten von Hügeln in einer kraterähnlichen Schüssel liegt: Ein perfekter Drehort für eine imaginäre Landung auf dem Mond. Alle steigen hier aus, manche für Tage wie ich, andere nur für Stunden. Vom Ghan befreit, streben die Reisenden in alle Himmelsrichtungen davon, um sich dann eine Stunde später in den vollklimatisierten Hotellobbys wiederzutreffen, bereit für einen Bustrip in den nahen MacDonnell Ranges-Nationalpark. Was bleibt von Alice Springs? Breite, von Eukalyptus gesäumte Straßen umgeben einen kleinen zentralen Geschäftsbezirk, aber selbst da ist der Verkehr geruhsam. Das Erstaunliche an Alice Springs aber ist die auffällig große Trennung von schwarzen und weißen Bewohnern. Die Aboriginal People sitzen in Gruppen im Schatten, während die Weißen allein oder zu zweit geschäftig hin und her eilen. Sicher, es gibt gute Beispiele von Integration – das Museum of Central Australia zum Beispiel, aber auf der Straße sieht man nichts davon. Schwarz und Weiß scheinen jeweils völlig fremden Welten zuzugehören.

Es sind fünf Stunden zum Ayers Rock oder Uluru, wie ihn seine Besitzer, die Anangu nennen. Einsame Stunden auf dem Stuart Highway, *the track* genannt, eine unendlich lange Landstraße, auf der ich alle halbe Stunde einen *roadtrain* überhole, jene bis zu 50 Meter langen Lkw-Gespanne. Sonst nur das schnurrende, stille Asphaltband, kein Radiosender, keine Handyfrequenz kann die Leere durchdringen. Ein paar tote Kälber am Straßenrand – vermutlich in der Dämmerung gegen ein Auto gelaufen. „Ein Land, das nicht für Menschen gemacht ist, aber wie geschaffen, um sich darin zu verlieren", schreibt Bruce Chatwin in seinem Buch „Traumpfade". Dieses hemmungslose Nichts ist wie der Spiegel der Weite im eigenen Inneren, nie aber bekomme ich Angst wegen der giftigen Schlangen, Skorpione, Spinnen, Wassernot – nur das Gefühl, frei zu sein. Der Busch ist ein schöner und schrecklicher Ort zugleich.

Irgendwann fahre ich rechts ab, irgendwann komme ich an. Selbst aus der Nähe

Höhepunkt einer Fahrt durc den Kakadu National Park i Yellow Waters-Bootstour fr morgens. Auf der Lagune tr sich Tausende von Vögeln, dösen Krokodile – bekannt sie durch den Film „Crocod Dundee", der hier gedreht w

Fahrt durch die MacDonnell Ranges, das uralte Gebirge östlich und westlich von Alice Springs

Endlich: Wovon Australien seit 150 Jahren träumte, wurde Anfang 2004 endlich vollendet – die Legende ist wahr geworden

www.merian.de MERIAN 75

Australien ist in Asien angekommen

ist der Uluru unwirklich, gigantisch. Größer als jede Pyramide, mystisch und zugleich würdevoll. Keiner lacht, der vor ihm steht, jeder starrt ihn an. Wenn ein Stein je schön sein kann, dann ist er es mit seinen Kämmen, Auswürfen, Öffnungen und dem unsäglich satten Rot der von Eisenpartikeln durchwirkten Erde, das kein Vergleich ist zu dem Rostrot, in das am späten Nachmittag die Sonne die Hochhäuser New Yorks bisweilen taucht. Wildschön. Ich renne um ihn herum, vier Stunden, atemlos glücklich und versuche, ihn zu begreifen.

Wie sollte ich: Es ist das höchste Heiligtum der Aboriginal People. Es ist ihr Buch, ihre Bibel, die von der Schöpfungsgeschichte erzählt. Ein kompliziertes spirituelles Geflecht, in dem die Malereien auf dem Felsen die Beziehung zwischen Menschen, Pflanzen, Tieren und den physischen Merkmalen des Landes erklären. Für Australiens Ureinwohner hat jeder Riss, jede Narbe, jedes Wasserloch an diesem 600 Millionen Jahre alten Monolithen eine Bedeutung – nirgendwo sonst hat es ein größeres Kräftemessen der Ahnen gegeben als hier, kein anderer Ort besitzt eine so machtvolle spirituelle Energie, sodass er von allen Aboriginal People verehrt wird. Also bittet man die Besucher um Rücksicht auf die Gefühle, so steht es in allen Sprachen groß geschrieben. Doch nach wie vor spucken Reisebusse Japaner am laufenden Band aus, die die heilige Stätte im Laufschritt erstürmen, ihn fotografieren. Dennoch ist es erstaunlich still. Der Uluru gleicht einem Theatervorhang, der mit einem lautlosen Donner gefallen ist. Atemberaubend.

Einen Tag später fahre ich zu den Olgas, heute Kata Tjuta genannt, danach zum King Canyon. Es gibt wenig Plätze auf der Welt, wo der Himmel so klar ist wie hier. Zusammengenommen sind es mehr als 1200 Kilometer durch das Autofenster und ich verstehe auf einmal, warum es die Aboriginal People liebten, ihr Land pointillistisch zu malen: Es ist ein Gepunktetes – die weißen Tupfer sind Igelgras, *Spinifex*, die bläulichen die Eukalyptusbäume, die grünen die Akazienbüsche, gelb die Flammengrevillen. Ein farbiges, dennoch melancholisches Land, alt, müde, weise und voller dorniger Pflanzen.

Später und am Ende der Bahnfahrt im tropisch üppigen, asiatisch anmutenden Darwin ist es 39 Grad heiß und extrem feucht, eine fremde Welt. Auf dem Mindil Beach Sunset Market mischen sich Hippies mit Cowboys, Inder mit Indonesiern, riecht es nach Sushi und Thaifood, nach Räucherstäbchen und überreifen Mangos.

Darwin hat nichts mit dem akuraten Adelaide, gar nichts mit dem spacigen Alice Springs, mit dem heiligen Uluru, dem grandiosen Busch zu tun; auf der Fahrt mit dem Ghan trifft man auf viele Australien. Die Reise von Süd nach Nord mit dem Luxus der Langsamkeit hilft uns dabei zu erkennen, wer wir sind und ob wir diesem Land standhalten. Denn die Reise durchs Outback ist ein Beleg für die alte Weisheit, dass der Weg das Ziel ist. Er führt noch immer durch den Grenzraum der Zivilisation. □

Charlotte von Saurma, *Redakteurin dieses Heftes und Wüstenfan, wäre gern noch länger im Outback geblieben.*

MERIAN|TIPP The Legendary Ghan

Bei maximaler Länge von 1,6 km wird der Zug von drei Dieselloks gezogen, fährt durchschnittlich 90 km/h

The Ghan verkehrt einmal wöchentlich von Adelaide nach Darwin, zweimal wöchentlich zwischen Adelaide und Alice Springs. Er hat mehrere Lounges, zwei Restaurant und einen Buffetwagen. Autos können auch mitgenommen werden. Gehalten wird außer in den genannten Orten noch in Port Augusta und Katherine.
Unterteilt wird in zwei Klassen – in Gold und Red Kangaroo. Preisbeispiel: Gold Kangaroo (mit Dusche/WC) Darwin–Adelaide 1830 A$ inkl. Verpflegung. Red Kangaroo kostet 390 oder 440 A$ (Doppelkabine oder Liegesitz), Studenten zahlen 834 oder 220 A$. Für Red Kangaroo Proviant einpacken! Die Eisenbahngesellschaft betreibt außerdem die Zuglinie „Indian Pacific" von Sydney über Adelaide nach Perth (1830-440 A$) und „The Overlander" zwischen Melbourne und Adelaide (149-65 A$). Alle drei Linien informieren unter www.trainways.com.au

Der Mann trägt eine Badehose mit Tigermuster, aber das weiß ich zum Glück noch nicht. Ich sehe nur seinen roten Kopf und finde, dass er sehr ungelenk mit den Armen rudert. Albern. „You're OK?", rufe ich ihm trotzdem zu und gleite aus der Brechungszone der überkopfhohen Wellen. „No!", kommt es kläglich zurück. Der Kerl steckt mitten in jener Strömung, die in Bondi „Backpacker's Express" heißt: weil sie gegenüber den Rucksack-Hostels liegt, jenseits der sicheren Badezone und mit Tempo aufs Meer zieht. Perfekt zum Surfen, völlig ungeeignet zum Schwimmen. Und der Mann ist nicht albern, sondern am Ende. Wie eine Falle schnappt er zu, umklammert meinen Arm, japst, die Augen aufgerissen. Ich versuche ihn auf mein Board zu hebeln.

Aber ein Surfbrett ist keine Rettungsinsel, und die Wellen folgen rasch aufeinander. Der Kerl ist schwer. Ich packe seine Hand, rutsche ab, schiebe ihn endlich quer übers Brett und muss trotz des Kraftakts grinsen: Mein erschöpfter Fang trägt Tigertanga. Ich verbeiße mir ein Lachen und winke dem Lifeguard am Ufer, der den Mann keine Minute später auf sein breites Rettungsboard zieht. Am Strand tapst der Tiger verdattert davon. Der Lifeguard bedankt sich: „Thanks, that was great!" Ich zucke lässig mit den Schultern, bin aber anderer Meinung. Diese Aktion war gar nicht großartig. Um ein Haar wäre der Mann ertrunken und ich mit ihm. Die anderen Surfer reiten weiter Bondis beste Wellen.

Mir ist die Lust vergangen. Ich lasse mich von der Sonne trocknen, bringe meinen Puls auf Normalfrequenz und fasse einen Beschluss. Ich will lernen, wie man Leute vor dem Ertrinken rettet. Nicht irgendwie mit Biegen und Zerren, sondern richtig. Ich liebe das Meer, vermutlich seit ich mit Blick auf die Kieler Förde zur Welt kam. Aber der Pazifik vor meinen Füßen ist nicht die Ostsee, und auch wenn ich seit Jahren surfe: Es gibt vieles, was ich nicht weiß über die Tücken des Ozeans.

Wochen später sitze ich vor dem „North Bondi Surf Life Saving Club" und sortiere meine Zweifel: Lauter braun gebrannte Muskelmänner und ich? Bestimmt sind alle anderen im Kurs höchstens einundzwanzigeinhalb... Für Prüfungen pauken auf Englisch?

Clubs waren noch nie meine Sache. Außerdem gehören Lebensretter und Surfer traditionell in feindliche Lager: Letztere halten die Strandwächter für bierfeiste Vereinsmeier, die an den besten Stellen Surfbretter verbieten. Rettungsschwimmer wiederum sollen Surfer als disziplinlose Freaks verachten. Und da soll an Australiens berühmtestem Strand ausgerechnet ich „Baywatch" spielen? Egal, schließlich wollte ich etwas lernen. Auf in den Kurs zum Erwerb der Bronzemedaille, die zum Rettungsschwimmer qualifiziert.

Als erstes lerne ich, dass „Surf Life Saving Australia" – mit fast 100 Jahren Tradition ein Heiligtum australischer Kultur – von Ausländern wie mir unterwandert ist. Auf jeden Fall in Sydneys Multikulti-Viertel: Ein Kursteilnehmer ist Ire, einer in Ungarn geboren und ein Ausbilder eindeutig Engländer. Auch das Macho-Bild hängt schief: In North Bondi, mit mehr als 1800 Mitgliedern einem der größten Clubs in New South Wales, sind inzwischen fast halb so viele Frauen wie Männer aktiv. Von denen sieht keine aus wie Pamela Anderson. So viel zu den Vorurteilen, ich bin erleichtert.

400 Meter in höchstens neun Minuten zu schwimmen ist die erste und einfachste Hürde auf dem Weg zum Lebensretter. Dann folgen acht Wochen Training am Strand und reichlich Theorie. Das Ziel ist, zwei Prüfungen zu bestehen, um künftig einmal im Monat am Strand für Sicherheit zu sorgen. Wir üben, Rettungsboards durch die Brandung zu steuern, den Umgang mit der Trage, diskutieren, wie man Eltern verlorener Kinder am besten beruhigt, lernen Quallenstiche zu kühlen, Notrufsignale zu deuten und trotz Brandung verständlich ins Funkgerät zu brüllen. Wir schleppen die schwersten Vereinsmitglieder aus dem Wasser, beatmen eine Puppe namens „Miss Annie" und wiederbeleben uns so lange gegenseitig, bis die erste Kursromanze für Klatsch sorgt. Abends hämmern wir uns alles über die Behandlung von Sonnenstich, Kälteschock und andere Erste-Hilfe-Fälle ins Hirn. Und wir lernen, das Meer zu lesen: Wie Flut und Ebbe die Uferzone verändern, welche Einflüsse Wind, Felsen, Meeresboden auf die Beschaffenheit der Wellen haben, wodurch eine „Rip" genannte Strömung entsteht und wie man sie überlistet. Es ist spannend.

Ferner erfahre ich, dass nicht alle Lifesaver Surfer hassen und dass mein Club so bunt gemischt ist wie der Rest der Stadt: Der Ex-Premierminister ist Mitglied – ehrenhalber –, mein Busfahrer ist einer der schnellsten Schwimmer; Fernsehleute, Arbeitslose und der Verkäufer aus dem Eckladen patrouillieren gemeinsam am Strand.

Derweil sorgen die Durchtrainiertesten für Ruhm und Ehre: Sie messen sich in Wettbewerben mit den anderen Vereinen der sportbesessenen Stadt, der Region, dem Bundesstaat. Meisterschaften auf nationaler Ebene sind schließlich der Höhepunkte des Jahres für die extrem fitten Retter, die pad-

Wächter der Wellen

Text: Julica Jungehülsing

Mit knapper Not rettete unsere Autorin einen Badenden vor dem Ertrinken. Sie lernte daraus, und jetzt gehört sie zu den legendären Rettungsschwimmern

delnd, rudernd und schwimmend mit dem Rest des Kontinents um Medaillen kämpfen. Mein Platz, weiß ich nach einem Blick auf Muskeln, Zeiten und Rekorde der Champions, ist eindeutig nicht die Meisterschaftstabelle, sondern das Nordende von Bondi Beach.

Nach bestandener Prüfung und Ausstattung mit der unvermeidlichen Bändchen-Kappe zu roten Shorts und gelbem Hemd ist es Zeit für die erste „Schicht". Endlich greifen ein paar Klischees: Mein „Patrol Captain" heißt Dale, ist Ex-Titelmodel eines Fitnessmagazins und sieht auch so aus. Abgesehen davon ist er eher schüchtern und wirklich nett. Der schwierigste Job unseres ersten Einsatzes scheint zu sein, das Sonnenzelt so aufzubauen, dass der Wind es nicht durch halb Bondi fegt. Ansonsten starren wir aufs Meer und passen auf, dass sich niemand in Gefahr begibt. Einfach genug: Es ist Sonntag 8.30 Uhr, eher frisch und fast jeder im Wasser scheint selbst Lifesaver zu sein. Auch gut. Ich greife mir ein Board und paddle raus aufs Meer. Wenn schon niemand gerettet werden will, kann ich wenigstens was für meine Fitness tun. Hinter der Brandungszone ist der Pazifik ruhig, nach einer Runde durch die Bucht mache ich es mir auf der Rettungs-„Planke" bequem und lasse mich trocknen. Ein „hey!" reißt mich aus der Döserei. Ich blinzle gegen die Sonne und erkenne nur zwei Arme, die seltsam gestikulieren. Prompt flirrt das Bild des Tigerbadehosenträgers durch mein Hirn. Hektisch wende ich das Brett, paddle los, erreiche den Schwimmer. Der grinst, ist völlig entspannt und hat überdies verflixte Ähnlichkeit mit meinem Patrol Captain: „Da drüben…", Dale zeigt mit dem Arm gen Süden, „zwei Delfine. Ich dachte, die hättest du vielleicht nicht gesehen." □

Bei den Wettkämpfen der Surf Live Saver wie den Queensland Championships (oben) kann es schon mal zu spektakulären Wellenritten kommen. Autorin Julica Jungehülsing (Zweite v. links) wacht am Bondi Beach in Sydney

MERIAN | INFO

THE SURF wird alles genannt, was sich als Welle im Meer bricht. Surfer reiten Wellen mit Brett, Bodysurfer ohne Brett aber oft mit Flossen, Boogieboarder mit kurzem Hartschaumbrett und Flossen. **SURF LIFE SAVING AUSTRALIA (SLSA)** ist der Dachverband der Lebensretter-Bewegung in Australien, über 40 Prozent der insgesamt **110 000 Mitglieder sind Frauen**.

Sie surfen nicht, sondern retten Menschen aus dem „Surf", oft mit Hilfe von Brettern (boards), Booten und Seilen. **33 000 freiwillige Life Saver** patrouillieren an den Wochenenden während der Sommersaison an 300 australischen Stränden. Die aktiven SLSA-Mitglieder müssen jedes Jahr Fitness, Erste-Hilfe-Können und Wissensstand in Prüfungen nachweisen. Sie werden nicht bezahlt und tragen gelbrote Uniformen und Kappen. 300 hauptamtliche Lifeguards überwachen zusätzlich 365 Tage im Jahr populäre Strände wie Bondi Beach, Manly oder die Gold Coast in Queensland. Sie werden von den Gemeinden bezahlt und tragen blaue Uniformen.

Trotz aller Wachsamkeit ertrinken dennoch **jedes Jahr 50 bis 60 Menschen** an den mehr als 35 000 Kilometern Küste. Opfer sind nicht nur Badende, sondern auch Surfer und vor allem Angler, die von Felsen gespült werden. Ehrenamtliche Life Saver retteten in der Saison 2003/2004 **9044 in Not geratene Schwimmer**, 26 739 Mal mussten sie Erste Hilfe leisten, wiederbeleben und Verletzungen versorgen. 171 965 Mal griffen sie präventiv ein. Der im Jahre 1907 gegründeten und in hohem öffentlichen Ansehen stehenden Life-Saver-Bewegung ist bis heute die Rettung von etwa **493 000 Menschen** zu verdanken.

Swim between the flags – zwischen den Flaggen schwimmen! – ist das Credo der Rettungsschwimmer. Die gelbroten Flaggen werden in der Regel beiderseits von Sandbänken aufgestellt, wo Baden am sichersten ist. **Life Saver's Tipp:** Strömungen ziehen nicht in die Tiefe, sondern aufs Meer hinaus, wo sie schwächer werden. Wer in eine Strömung gerät, sollte niemals gegen sie anschwimmen, sondern sich treiben lassen, dann parallel zum Strand schwimmen und mit den Wellen zurück zum Ufer.

www.merian.de MERIAN 79

Für das Selbstbild der Australier sind die harten Männer aus dem Outback ebenso wichtig wie die Westernhelden für die Amerikaner. Dabei lebt der Großteil der Bevölkerung längst in großen Städten an der Küste. Und doch gibt es sie noch, die urwüchsigen Typen, die dem riesigen unwirtlichen Hinterland ihre Existenz abringen, die Opalschürfer oder Krokodilfarmer. So heftete sich der Fotograf Andrew Chapman mehrere Jahre an die Fersen der Schafscherer, die mit ihrer harten und mitunter gefährlichen Arbeit für mehr als ein Viertel der Woll-Produktion auf der Welt verantwortlich sind. Sie arbeiten sieben Monate im Jahr unter barbarischen Bedingungen. Aber sie verdienen gut und sie sind eine gefragte Elite unter den Landarbeitern.

Wo scharfe Typen Schafe scheren

Fit wie ein Spitzenathlet: Peter Fish sieht auch noch blendend aus

Das Schermesser ist das wichtigste Werkzeug

200 Schafe schafft ein Scherer pro Schicht. Minimum

Um den Rücken der Scherer zu entlasten, hängen Schlingen unter der Decke, die dem Körper Halt geben

Der Job ist hart, in den Ställen ist es drückend heiß, oft kollabieren die Scherer, und selten arbeitet einer länger als bis 40

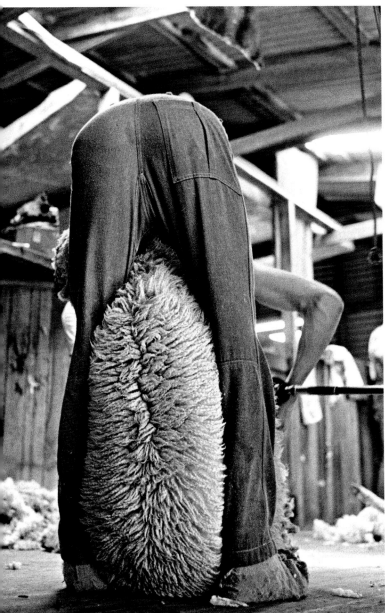

Rückblick: Zwei Minuten pro Schaf – das muss reichen

Graham und Judy arbeiten als Köche für die Scherer

Gut behütet: Vor allem für die Farmer lohnt das harte Geschäft mit der Wolle

Auch die Jungen müssen mit anfassen

Wo Wolle Hitze wallen lässt

| TASMANIEN | INSEL DER NATIONALPARKS |

Australiens größte Insel ist ein Zauberland aus Urwald, Mooren, Schluchten. Eine Wildnis als Welterbe. Und dennoch müssen Umweltschützer auf Tasmanien kämpfen *Text: Susanne Fischer*

Der Southwest National Park mit dem Mount Anne ist ein tasmanischer Superlativ: der größte Nationalpark mit der größten Fläche an gemäßigtem Regenwald und der größten Artenvielfalt an Flechten, Moosen, Farnen. Im Vordergrund die endemischen *cushion plants*, leuchtend grüne Polsterpflanzen

Tasman Island gehört wie Cape Pillar – der südöstlichste Punkt Australiens – zum Tasman National Park. Der Leuchtturm von 1906 auf dem Plateau ist extrem hoch gelegen, vom Wind umtost und wegen der exponierten Lage von seinen Wärtern gehasst

Foto: Andrea Alborno

Zuerst sieht man die weißen Bäuche. Wie wandelnde Neonröhren tauchen sie aus der Dunkelheit auf, watscheln näher, ruhen kurz aus und tapsen dann weiter über den Strand Richtung Dünen. Dort bricht, unter knorrigen Sträuchern, Unruhe los: Laut fiepsend erwarten hunderte hungrige Pinguinküken die Rückkehr ihrer Eltern. Die haben seit vier Uhr früh Krabben und Fisch in der See gejagt, mit vollem Bauch kehren sie in der Dämmerung zurück, um ihre Jungen mit vorverdautem Fischbrei zu füttern. Mit dem Gestus erschöpfter Schichtarbeiter wandern die Tiere in einer langen Kolonne an Land.

Ein Naturspektakel, allabendlich zu bewundern am Strand von Bicheno auf Tasmanien, dem südlichsten Bundesstaat Australiens. Eine Kolonie von *Eudyptula minor*, Zwergpinguinen, wohnt gleich neben meinem klug in die Landschaft gefügten Hotel; mit Nachtsichtgerät könnte ich die Pinguine glatt vom Bett aus beobachten.

„Your natural state" steht auf den Nummernschildern Tasmaniens, und um die Natur dreht sich hier auf den ersten Blick alles. Dass hinter den Buchstaben das Konterfei des Beutelwolfs hervorlugt, fällt mir erst später auf. Der Beutelwolf, wegen der dunklen Streifen auf seinem Rückenfell auch „Tasmanischer Tiger" genannt, gilt als ausgestor-

Die Attraktion des Mount Field National Park sind die vierzig Meter hohen Russell Falls. Der Park ist bereits seit 1916 Naturschutzgebiet und berühmt für seine grandiosen Szenerien, Regenwälder, Seen, Moore

Der Charme der einstigen Kolonie: Straßenzug in Battery Point, dem alten Hafenviertel der Hauptstadt Hobart

ben, seit 1936 das letzte bekannte Exemplar im Zoo von Hobart an Lungenentzündung starb. Einst sollen 4000 der ausdauernden Jäger durch die tasmanischen Grasländer gestreift sein.

Nachts werden die Straßen zum Zoo

Ausgerottet haben ihn Jäger, die die tasmanische Regierung jahrzehntelang mit Prämien zum Abschuss ermunterte. Ein Zeichen später Reue, dass der Tiger heute jedes Auto, auch das heimische „Cascade"-Bier als Logo ziert? Für die Umweltschützer Tasmaniens ist das Schicksal des Beutelwolfs Menetekel und Hoffnung zugleich. Lernt daraus, warnen sie.

Zu Recht. Doch davon ahnt zunächst nichts, wer durch das satte Grün der Insel rollt. Gleich nach der Ankunft auf diesem entlegenen Fleck werde ich ermahnt, im Dunkeln nie schneller als 50 km/h zu fahren: Nachts werden die Straßen zum Zoo, hüpfen und springen von allen Seiten Beuteltiere mit Kuschelfell und Knopfaugen über den Asphalt. Natürlich will ich nicht zum Serienmörder werden und ziehe brav im Schritttempo über die Insel, ohnehin die dem Rausch der Schönheit angemessene Geschwindigkeit. Knorriger Uraltwald, safrangelbes Moos, Riesenfarne. Oft trifft man stundenlang keinen Menschen. Mehr als die Hälfte der rund 460000 Einwohner (auf einer Insel kaum kleiner als Irland!) lebt in der Hauptstadt Hobart im Süden und in der zweitgrößten Stadt Launceston im Norden. Dazwischen Natur, Natur, Natur. Eine Landschaft wie aus einer anderen Zeit: Käme gleich ein Dinosaurier um die Ecke, ich wäre nicht überrascht. Stattdessen hüpft ein Wallaby neben meinem Auto her, bevor es im Wald verschwindet, wackelt eine Fuchskusumutter mit ihrem Jungen auf dem Rücken aus dem Gebüsch.

Fremde Wesen in einer fremden Welt. Ich sehe Tiere und Bäume, deren Namen ich nicht kenne, streife über Wiesen, auf denen Affenblumen, Känguruhäpfel, Schwarzäugige Susannen blühen. Tasmanien ist weit weg. So weit, dass der Name zum Synonym für Entlegenheit wurde. Weiter weg geht nicht. Seit dem Ende der letzten Eiszeit mit keinem Festland mehr verbunden. Warum hier, fragte sich der Schriftsteller Peter Conrad, in Tasmanien aufgewachsen, als er anhand einer Weltkarte die geographische Lage seiner Heimat begriff. Auch Australier, für uns selbst weit

Nachts Schritte auf dem Balkon: ein Kusu

weg, betrachteten Tasmanien bis vor zehn, fünfzehn Jahren noch als „Großcousine". Als entfernte Verwandte, von deren Existenz man weiß, ohne sie je gesehen zu haben.

Der erste Europäer, der die Insel sah, hieß Abel Tasman – daher der Name. Ein Kommandeur der holländischen Ostindischen Kompanie. Er landete am 1. Dezember 1642 an der Ostküste, hisste eine Flagge und überließ die Insel samt Tieren und Ureinwohnern wieder sich selbst. Erst 161 Jahre später siedelten auf der Insel die ersten Europäer,

Der Nordosten ist Farmland, und nahe Scottsdale duftet es von Dezember bis Januar verführerisch: Die Bridestowe Estate Lavender Farm gilt als größter Lavendelölproduzent der Südhalbkugel

mit drastischen Folgen für 5000 bis 10 000 tasmanische Aborigines. Sie wurden binnen drei Jahrzehnten ausgerottet, erst durch Massaker und Kriege, dann, nach Umsiedlung in bewachte Lager, durch Entwurzelung und Krankheit.

Anders als heute kamen im 19. Jahrhundert die meisten Besucher nicht freiwillig nach Tasmanien. Sie wurden vom britischen Königreich als Sträflinge geschickt, waren in den Häftlingskolonien von Port Arthur wie auf Sarah Island Wetter, Hunger, der Willkür ihrer Bewacher ausgesetzt. Heute werden Ferngereiste auf der Insel deutlich herzlicher empfangen und bewirtet. Zum Beispiel in der Lemonthyme Lodge. Zitronenthymian – ein Name wie ein Versprechen. Mitten in der Wildnis, wenige Kilometer vom Eingang des Wanderparadieses Cradle Mountain National Park entfernt, liegen 23 Blockhütten de Luxe – mit Whirlpool und Blick tief in den Wald. Kaum habe ich meine Hütte bezogen, höre ich Schritte auf dem Balkon: Zuerst scheu, dann von Neugier und Hunger überwältigt, nähert sich ein „Possum" (ein Fuchskusu) und guckt mit großen, braunen Knopfaugen zur Tür herein.

„Haben Sie reserviert?", fragt mich kurz darauf im fast leeren Hotelrestaurant die Kellnerin. Als fürchteten die Tasmanier, ihnen könne die allgegenwärtige Wildnis über

Kleiner Exot: Im Bonorong Wildlife Park bei Brighton werden Tasmanische Teufel aufgezogen

Der 10 000 ha große Freycinet National Park an der milden East Coast ist im Sommer ein beliebtes Ferienziel. Hier sind Strand- und Badeurlaub, Bushwalks und Klettertouren möglich

Foto: Andrea Alborno

Die Traditionen der früheren Kolonialmacht sind ungebrochen, die alten Villen der Oberschicht passen gut ins neue Tourismuskonzept: Franklin Manor, ein erlesenes Guest House in Strahan

den Kopf wachsen, achten sie streng auf Ordnung. Kilometerweit kann ich am nächsten Tag auf sorgfältig genagelten Wegen aus Holzplanken durch den Nationalpark spazieren, jeder einzelne detailliert beschriftet mit Ziel, Schwierigkeitsgrad und Länge in Kilometern und Stunden. Nach einer Woche in scheinbar endlosen Wäldern, nach Begegnungen mit Pinguinen, Wallabys, Tasmanischen Teufeln, nachdem ich an einsamen Stränden gebadet und „die reinste Luft, die je gemessen wurde" geatmet habe, bin ich vom Beinamen „your natural state" überzeugt.

Gefahr für große Bäume und kleine Teufel

Dann treffe ich Bill Harvey. Und das paradiesische Bild bekommt feine Risse. Harvey ist Mitglied der Grünen – in Tasmanien wurde 1972 die erste Umweltschutzpartei der Welt gegründet – und steht jeden Samstag auf dem Markt der Hauptstadt Hobart. Inmitten von Bratwurst- und Kunsthandwerksständen wirbt er für einen Kampf, von dem Urlauber nur wenig mitbekommen. Denn der spielt sich jenseits der Tourismuspfade ab.

Mit zwei Worten beschreibt Harvey das andere Gesicht Tasmaniens: „Gunns" und „Clearfelling". Gunns ist der größte Holzverarbeitungskonzern Tasmaniens und Clearfelling die Methode, mit der er sein wichtigstes Exportgut, Holzspan, gewinnt: Kahlschlag mit anschließender Brandrodung. Zwei Wörter, die ich nur schwer in Einklang bringen kann mit der Schönheit, die mich seit Tagen umgibt. Dennoch gehören sie auch zur Gegenwart Tasmaniens.

Harvey erzählt vom Styx-Tal, 70 Kilometer westlich von Hobart gelegen und Heimat des Königseukalyptus, des größten Laubbaums der Welt. Bis zu 400 Jahre alt und 95 Meter hoch sind die Urwaldriesen im „Tal der Giganten", einem der letzten Orte Australiens, wo es größere Bestände dieser Art gibt. „Noch", sagt Harvey. Denn das Styx-Tal gehört nicht zu jenen 20 Prozent Tasmaniens, die als Welterbe unter Unesco-Schutz stehen, sondern unterliegt der staatlichen Forstbehörde – und die gibt es Stück für Stück zur Abholzung frei. 90 Prozent des rabiat gewonnenen Holzes werden als Holzschnitzel für eine Hand voll Dollar die Tonne an japanische Papierfabriken verkauft. Zum Dumpingpreis setzt *Tassie* sein grünes Image aufs Spiel. Der Tasmanische Tiger lässt ebenso grüßen wie der Teufel, dessen Bestände in den letzten Jahren durch einen Virus halbiert wurden. Und jetzt drohen eingeschleppte Füchse ihm den Rang an der Spitze der Nahrungskette wegzubeißen.

Es fällt schwer, im sonnendurchfluteten Hobart an finstere Machenschaften zu denken. Dieses Licht am Nachmittag, als bräche es sich anders als im Rest der Welt. Überall klare Farben, alles leuchtet. Viele, die für ein paar Monate kamen, sind geblieben. Auch Bill Harvey, der für ein befristetes Forschungsprojekt aus Melbourne kam, blieb. Und hofft, dass möglichst viele Besucher ihm folgen mögen. „Je mehr Menschen die einmalige Schönheit unserer Natur sehen, umso größer ist die Chance, dass wir sie bewahren können." □

Susanne Fischer *war von der Natur wie berauscht – im Irak, wo sie Journalisten ausbildet, sind Bäume und Wiesen rar.*

MERIAN | TIPP Tasmanien

Australiens kleinster und südlichster Bundesstaat liegt 250 km südlich der Küste Victorias. Von West nach Ost 315 km, von Nord nach Süd 296 km. Neben der Hauptinsel gehören zum Archipel rund 300 weitere Inseln.
Klima Gemäßigt mit vier Jahreszeiten. Dez.–Feb. liegt die durchschnittliche Höchsttemperatur bei 21 °C, Juni–Aug. bei 12 °C: Pullover plus Regenkleidung mitnehmen!
Natur 40 Prozent der Fläche sind Nationalparks oder Naturreservate, die Hälfte davon Unesco-Welterbe. Der „Holiday Pass" für 30 A$ ist zwei Monate lang gültig für alle 19 Nationalparks. Info: www.parks.tas.gov.au
Anreise Qantas fliegt direkt von Melbourne und Sydney nach Hobart, Devonport und Launceston. Fährverbindung von Melbourne und Sydney nach Devonport: www.spiritoftasmania.com.au
Rundreise Am besten per Mietwagen. Gut ausgebaute Straßen mit wenig Verkehr. Bei Dunkelheit Vorsicht vor den vielen nachtaktiven Tieren.
Info Tourism Tasmania: www.discovertasmania.com

Hotels
Lemonthyme Lodge Perfekt für Wanderungen im Cradle Mountain National Park. Die komfortable Art, Tasmaniens Flora und Fauna aus nächster Nähe zu erleben.
Dolcoath Road
Off Cradle Mountain Road
65 km südl. Devonport
Tel. (03) 64 92 11 12
www.lemonthyme.com.au
Franklin Manor Herrenhaus von 1896 mit gepflegtem Garten. Cosy, hervorragendes Restaurant oder nur B&B. Sehr persönlicher Service.
The Esplanade, Strahan
Tel. (03) 64 71 73 11
www.franklinmanor.com.au
The Henry Jones Art Hotel Apartes Design-Hotel am Hafen in fußläufiger Nähe zum Markt und historischen Stadtkern.
25 Hunter Street, Hobart
Tel. (03) 62 10 77 00
www.thehenryjones.com
Somerset on the Pier Neues Apartmenthotel auf dem Pier. Guter Ausblick, moderne Lofts in zentraler Lage, In-Restaurant im Basement.
Elisabeth Street Pier, Hobart
Tel. (03) 62 20 66 00
www.the-ascott.com

Diamond Island Hier wohnen Pinguine vor der Haustür! Ideal auf einer Rundreise: genau auf halber Strecke zwischen Hobart und Launceston in einer reizenden Bucht.
69 Tasman Highway, Bicheno
Tel. (03) 63 75 01 00
www.diamondisland.com.au
Millhouse on the Bridge Romantisches Bed & Breakfast an der ältesten Brücke Australiens. Zimmer mit Himmelbett und Spitzenkissen.
2 Wellington St, Richmond
Tel. (03) 62 60 24 28
www.millhouse.com.au

Aktivitäten
Auf keinen Fall in Hobart den Salamanca-Markt am Samstag versäumen: die beste Art, das Wochenende zu beginnen. Gutes Kunsthandwerk, billiger Kitsch, einheimische Spezialitäten, hausgemachtes Eis, Straßenmusik.

Ausflüge
Bruny Island Unvergessliche Bootstour ab Hobart rund um die Klippen von Bruny Island. Zu sehen sind Albatrosse, Seelöwen, mit Glück Delfine und Pinguine. Okt.-Apr. Ganztagestouren (Bustransfer zum Boot) So–Fr 8 Uhr ab Tas Visitor Centre (Ecke Davey/Elisabeth St), Tee, Mittagessen, Rücktransfer 145 A$. Anmeldung erforderlich!
Bruny Island Charters
Tel. (03) 62 93 14 65
www.brunycharters.com.au

Gordon River Cruises Auf hochmodernem Katamaran durch den Macquarie Harbour und in die Schleife des Gordon River. Höhepunkt: Besuch von Sarah Island, einst eine Sträflingskolonie.
Tel. (03) 64 71 43 00 (über Strahan Village zu buchen)

Wandertouren
Overland Track 65 km langer Track durch Tasmaniens Cradle Mountain & Lake St Clair National Park ist Australiens beste Überlandroute und entsprechend beliebt. Rechtzeitig für die fünf- bis siebentägige Wanderung anmelden. Details: www.overlandtrack.com.au.
Bay of Fires Walk Viertägige geführte Tour im Nordosten durch die einsame Natur am Rande des Mt William National Park. Übernachtung im Strandcamp und in der preisgekrönten Bay of Fires Lodge. Okt.–April, 1595 A$
Tel. (03) 63 91 93 39
www.bayoffires.com.au
Maria Island Walk Neu unter Tasmaniens Hike-Höhepunkten: viertägige organisierte Wanderung durch eine komplett unter Naturschutz stehende kleine Insel an der Ostküste. Die Wanderer tragen nur leichtes Gepäck durch die unberührte Küsten- und Hügellandschaft. Okt.–April, 1549 A$
Tel. (03) 62 27 88 00
www.mariaislandwalk.com.au

Passion der alten Männer im Derwent Valley: die wöchentliche Partie Bowls, eine urenglische Variante des Boule-Spiels

Ein Insel-Bundesstaat von unaustralisch handlicher Größe: Zwei Fünftel davon sind Parks und Reservate

Possum (Dickschwanzschlafbeutler)

Graues Riesenkänguru mit Babykänguru im Beutel

Ringelschwanzbeutler

Flinkwallaby

Australiens
schräge Vögel

In der Isolation hat sich auf dem fünften Kontinent eine eigene Tierwelt entwickelt und erhalten. Dabei sind Känguru und Koala nicht alles. Von Merkwürdigkeiten aus dem Labor der Evolution

Kaninchennasenbeutler

Koala (Beutelbär)

Aus einer Urform entstanden insgesamt neun Familien der Beutler – von baumbewohnenden Blattfressern über grabende Insektenfresser bis hin zu den hüpfenden Vertretern der Ordnung *Marsupialia*. Das Känguru ist das bekannteste aller Beuteltiere.

Trickreiche Annäherung an den Wombat

Tüpfelkuskus

Verpackungskünstler

Vor etwa 100 Millionen Jahren entwickelten sich die Beuteltiere in Südamerika, das damals noch mit Australien im Großkontinent Gondwana verbunden war. Sie bilden heute die größte Säugetiergruppe in Australien. Nicht der Beutel, sondern die Art der Aufzucht macht den Säuger zum Beuteltier: Je nach Art kommen ein bis elf Junge zur Welt. Die sind bei der Geburt 0,5 bis 3 cm lang und sehr gering entwickelt. Sie wandern sofort in den Beutel und saugen sich dort an einer Zitze fest. Die schwillt an, bis sie den Mundraum ausfüllt. Gleichzeitig verwachsen die Mundränder, so dass das Neugeborene druckknopfartig mit der Mutter verbunden ist. Bei Arten, die keinen Beutel haben, ist die Zitze der einzige Halt des Jungen.

Bestiarium
bunter Beißer

Schön (und) gefährlich

Nur schön und ein Meister der Tarnung ist der mit dem Seepferdchen verwandte 1] Fetzenfisch. Die 2] Kragenechse spreizt ihren gewaltigen Halskragen nur, wenn sie imponieren will. Auch der 16 cm kleine 3] Dornteufel ist trotz seiner abschreckenden Gestalt absolut harmlos. Dennoch gilt Australien als der Kontinent mit den meisten giftigen und gefährlichen Tieren. Neben Schlangen, Spinnen, Haien, Fischen und Quallen gehören dazu auch die 4] Salzwasserkrokodile. Der 5] Grüner Baumpython, mit seinen vielen Grüntönen von ungewöhnlichem Aussehen, ist zwar ungiftig, doch wie alle Riesenschlangen ein Würger.

1] Fetzenfisch

6] Dingos attackieren eine Echse

7] Schnabeltier

6] Der Dingo gehört nicht zur ursprünglichen Fauna des Kontinents: Das größte Landraubtier Australiens lebt dort seit mindestens 4000 Jahren als Wildhund – stammt aber von asiatischen Haushunden ab. 7] Das Schnabeltier hingegen ist eine biologische Kuriosität – eine Übergangsform zwischen Reptil und Säugetier: legt zwar Eier, besitzt aber Milchdrüse und Fell des Säugers. Es wehrt sich mit den giftigen Spornen seiner Hinterbeine.

3] Dornteufel

8] Korallenfingerfrosch

Der 8] Korallenfingerfrosch ist schwergewichtig (bis zu 60 Gramm), aber harmlos. 9] Emus sind das australische Pendant zu den südafrikanischen Straußen – die größten Vögel Australiens können nicht fliegen, aber schnell laufen, und haben praktisch keine natürlichen Feinde, weil sie sich mit kräftigen Fußtritten verteidigen können. 10] Fledermäuse erfüllen im tropischen Regenwald die Aufgabe der Bienen – sie bestäuben die Blüten.

9] Emu

10] Langohrfledermaus

www.merian.de MERIAN 95

MERIAN PREMIUM SHOP

Angebote für Leser

In unserem Premium Shop bieten wir allen Lesern exklusive Highlights: Seltene MERIAN Ausgaben aus unserem Archiv und einzigartige MERIAN Sammlerstücke. Zusätzlich erhalten Sie ab einem Bestellwert von 25,00 Euro das „Best of MERIAN" gratis dazu! Für Ihre Bestellungen verwenden Sie den Coupon auf Seite 99.

JUBILÄUMSHEFT
Best of MERIAN

Ein Sammlerstück, das man nicht kaufen kann! Erleben Sie faszinierende Rückblicke in die Geschichte von MERIAN! Zusätzlich beigelegt ist jedem „Best of MERIAN" eine detaillierte Deutschlandkarte im Posterformat von 52 x 73,5 cm. Ab einem Bestellwert von 25,00 Euro erhalten Sie das „Heft der Hefte" kostenlos dazu. Für Ihre Bestellung verwenden Sie bitte die Postkarte auf Seite 99.

RARITÄTEN
Lust auf MERIAN Geschichte

Für Sammler haben wir unser Archiv geöffnet und offerieren Ihnen seltene Kulturschätze aus über 50 Jahren MERIAN. Die Archivexemplare bieten wir nur noch in sehr begrenzter Stückzahl.

Rufen Sie uns an, wenn Ihnen ein Heft in Ihrer Sammlung fehlt: Tel. 040/ 27 17 23 45

MERIAN FAMILY

AUSGEZEICHNET
MERIAN live!

MERIAN live! London MERIAN live! London zeigt die interessantesten Plätze und Sehenswürdigkeiten der Stadt: Bond Street und New Bond Street, Westminster Abbey, das Café Royale oder Londons „grüne Lungen", den Hyde-, Regent´s- oder St. James-Park.
MERIAN live! Hongkong präsentiert die Highlights, die sich kein Besucher entgehen lassen sollte: Hongkongs Hausberg The Peak, der einen spektakulären Ausblick auf die Stadt bietet, das buddhistische Kloster Po Lin, den Wong Tai Sin Temple oder den Temple of Ten Thousand Buddhas.
MERIAN live! Australien Trendy: Bondi Beach in Sydney, Gigantisch: Ayers Rock zieht jedes Jahr Tausende an – Einladend: „Barbecue" als nationales Hobby Preis: je 7,95 Euro.

Kennworte:
MERIAN live! London
MERIAN live! Hongkong
MERIAN live! Australien

WEGWEISEND
MERIAN map

Lust auf Reisen ans Mittelmeer machen die neue MERIAN maps, die nicht nur eine große Regionalkarte mit Stadtplänen kombinieren, sondern auch einen kompakte Reise- und Sprachführer mitliefern. Die umfassenden Informationen zum Reiseziel werden auf der Rückseite der Karte dargestellt. Damit sind sie der ideale Begleiter für spontane Kurzreisen. Folgende Destinationen sind bereits jetzt erhältlich: **Algarve, Andalusien, Costa Brava, Istrien, Italienische Riviera, Kreta, Mallorca, Provence, Sizilien, Toskana.** Preis: jeweils 6,50 Euro.
Kennwort: Map + Destination

IMMER AKTUELL
MERIAN im Internet

Über 5000 Tipps und Empfehlungen zu Reisezielen weltweit bietet www.merian.de. Neben aktuellen Sicherheitshinweisen für Reisende und dem umfangreichen Heftarchiv gibt es weitere Services für Abonnenten von MERIAN. Online können alle lieferbaren Hefte und MERIAN Produkte einfach und problemlos von zu Hause aus bestellt werden.

www.merian.de

UMFASSEND
MERIAN guide

88 Strecken laden ein zu Nostalgiefahrten mit dem Zug. Mit historischen Dampf-, Diesel- oder Elektroloks geht es durch zauberhafte Landschaften und reizvolle Städte. Dieser handliche MERIAN guide stellt die Geschichte der Strecken und Fahrzeuge vor und enthält jede Menge Informationen über Sehenswürdigkeiten und Freizeit-Tipps rechts und links der ausgewählten Routen. Abgerundet wird er durch ein Glossar mit den wichtigsten Eisenbahn-Fachbegriffen und eine Deutschlandkarte. Preis: 12,90 Euro. **Kennwort: MERIAN guide Nostalgiefahrten mit dem Zug**

Nutzen Sie auch den bequemen **BESTELLSERVICE** unter Telefon **0 40/87 97 35 40** oder **www.merian.de/shop**

MERIAN
Die Lust am Reisen
PREMIUM SHOP

MERIAN extra

Jedes Jahr erscheinen neben den 12 Monatsausgaben von MERIAN auch Sonderhefte von MERIAN: Die eigenständigen Ausgaben der Reihe MERIAN *extra* ergänzen mit ihrer originellen Art der Themenwahl und -aufbereitung das monatlich erscheinende Magazin.

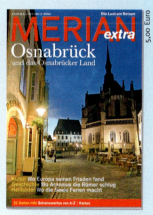

UMFASSEND
Die neuen MERIAN extras

Alle Hefte dieser Reihe konzentrieren sich auf eine Region oder eine Stadt und präsentieren diese ausführlich und in großer Detailtiefe. Mit ausführlichen Bildstrecken, Infos über die wichtigsten Sehenswürdigkeiten und kulturhistorischen Hintergründe, umfangreichem Kartenmaterial für Ausflüge und Eventtipps.

Kennwort: MERIAN extra + Titel

Alle abgebildeten MERIAN extras und jüngst erschienene MERIAN Titel (siehe Programmauflistung S. 99) können Sie bequem mit der Bestellpostkarte auf Seite 99 oder im Internet unter www.merian.de zum jeweiligen Magazinpreis plus Versandkosten bestellen. Noch nicht erschienene Titel werden vorgemerkt und bei Erscheinen ausgeliefert.

Nutzen Sie auch den bequemen **BESTELLSERVICE** unter Telefon **0 40 / 87 97 35 40** oder **www.merian.de/shop**

MERIAN
Die Lust am Reisen
ZUM ABONNIEREN

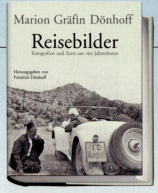

MERIAN ABONNEMENT
Lust auf ein **MERIAN** Abonnement

Wenn Sie MERIAN abonnieren möchten, erhalten Sie 12 Ausgaben im Jahr für 76,40 Euro (Auslandspreise auf Anfrage) statt 90,00 Euro bei Einzelkauf. Nutzen Sie den Preisvorteil von 15 % und sichern Sie sich Ihr Dankeschön: Die Erinnerungen an Marion Gräfin Dönhoff von ihrem Großneffen Friedrich Dönhoff. Für Ihre Bestellung eines MERIAN Abonnements verwenden Sie bitte die Postkarte auf Seite 99.

Unser Dankeschön für Ihr Interesse:
In dem Buch „Reisebilder" veröffentlicht Friedrich Dönhoff erstmals Fotografien, mit denen seine Großtante Marion Gräfin Dönhoff ihre Reisen seit dem 1930-Jahren dokumentierte. Dazu ihren schönsten Reisereportage

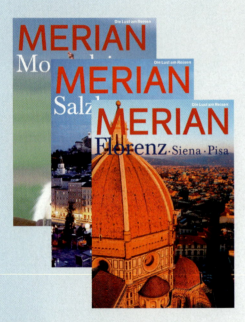

MERIAN MINI-ABO
MERIAN zum Probieren

Wenn Sie MERIAN ausprobieren möchten, erhalten Sie die nächsten 3 Ausgaben frei Haus innerhalb Deutschlands zum Preis von nur 19,10 Euro statt 22,50 Euro bei Einzelkauf. Nutzen Sie den Preisvorteil von ca. 15 % und sichern Sie sich zusätzlich Ihr Dankeschön: das „MERIAN extra Deutschland". Alle 16 Bundesländer werden ausführlich mit ihren landschaftlichen und kulturellen Besonderheiten vorgestellt. Mit regionalem Kartenteil, großer Deutschlandkarte zum Herausnehmen und Satellitenaufnahme. Für Ihre Bestellung dieses MERIAN Mini-Abos verwenden Sie bitte die Postkarte auf Seite 99.

Unser Dankeschön für Ihr Interesse:
das „MERIAN extra Deutschland" mit allen Bundesländern auf einen Blick.

SAMMELSCHUBER
MERIAN Archiv!

Archivieren Sie Ihre MERIAN Sammlung stilvoll und sicher in den exklusiven MERIAN Sammelschubern aus Leder, Leinen oder Acryl. Jeder Schuber bietet Platz für ca. 12 MERIAN Ausgaben. Preise: Acryl 19,90 Euro. Leinen 12,90 Euro, Leder 24,90 Euro. **Kennwort: Schuber Acryl / Schuber Leinen / Schuber Leder**

Schaffen Sie Ordnung im Regal:
Mit den hochwertigen Sammelschubern wird Ihre MERIAN Sammlung sicher und repräsentativ verwahrt.

Nutzen Sie auch den bequemen **BESTELLSERVICE** unter Telefon **0 40/87 97 35 40** oder **www.merian.de/shop**

PROGRAMM
AUSWÄHLEN UND BESTELLEN

Lieferbare MERIAN Titel

Ägypten	Ligurien
Amsterdam	Lissabon
Andalusien	Loire
Athen	London
Australien	**M**adrid
Autostadt in Wolfsburg	Mallorca
	Marokko
Baden-Württemberg	Masuren
Baltikum	Mauritius
Barcelona	Mecklenburg-Vorpommern
Berlin	Mexiko
Brasilien	Moskau
Budapest	MS Europa
Chicago	München
Cote d'Azur	**N**eapel / Amalfi-Küste
Das neue Ruhrgebiet	Neuseeland
Dominikanische Republik	New York
	Oberbayern
Elsass	**P**aris
Ferien in Deutschland	Piemont–Turin
Florida	Portugal
Frankfurt	Prag
Franz. Atlantikküste	Provence
Gardasee	**R**om
Große Ferien	**S**ardinien
Hamburg	Schottland
Harz	Schweden
Hongkong	Schweiz
Indiens Norden	Shanghai
Irland	Sizilien
Island	Slowenien
Istanbul	Spaniens Norden
Italien	Steiermark
Japan	Südafrika
Jerusalem	Südengland
Kalifornien	Sylt
Kanarische Inseln	**T**hailand
Köln	Thüringen
Kopenhagen	Tirol
Krakau	Toskana
Kreta	Türkische Südküste
Kroatien	**U**mbrien
Kuba	USA: Der Süden
Leipzig	**V**enedig
	Wasserreich Niedersachsen
	Weimar
	Wien
	Zypern

Bestellhotline:
040/87 97 35 40 oder
www.merian.de/shop

MERIAN
ABONNEMENT

Wenn Sie MERIAN abonnieren möchten, sichern Sie sich Ihr Dankeschön: Das Buch „Reisebilder", in dem Friedrich Dönhoff erstmals Fotografien veröffentlicht, mit denen seine Großtante Marion Gräfin Dönhoff ihre Reisen seit den 1930er Jahren dokumentierte. Dazu ihre schönsten Reisereportagen.

ANTWORT

MERIAN
Leserservice
Postfach 60 12 20

D - 22212 Hamburg

Bitte freimachen falls Marke zur Hand. Oder senden Sie per Fax an:
040/27172079

MERIAN
GUTSCHEIN

MERIAN
PREMIUM SHOP

UMFANGREICH
MERIAN *live!*
Sonderausgaben
MERIAN *live!* Reiseführer.
Mit Quickfinder in den Klappen, den Attraktionen jeder Reise auf einen Blick und gewohnt exzellenter MERIAN Kartografie.
Preis: 9,90 Euro
**Kennwort: MERIAN live!
+ Deutschlands Küste, Österreich, Karibik, oder USA**

ANTWORT

MERIAN
Premium Shop
Postfach 60 12 20

D - 22212 Hamburg

Bitte freimachen falls Marke zur Hand. Oder bestellen Sie per Fax:
040/27172079

☐ Ich abonniere MERIAN im Jahres-Abonnement für mich selbst.
☐ Ich bestelle das Mini-Abonnement von MERIAN für mich selbst.[1]
☐ Ich möchte ein MERIAN Jahres-Abonnement verschenken.

Name / Vorname des Beschenkten

Straße / Haus-Nr. / PLZ / Ort

Tel.-Nr. / E-Mail

Die Rechnung und das umseitig jeweilige Dankeschön gehen an: (Adresse bitte unten eintragen). Der Jahres-Abo-Preis für 12 Ausgaben MERIAN beträgt 76,40 Euro frei Haus (innerhalb Deutschlands; Auslandspreise auf Anfrage).

Name / Vorname des Bestellers

Straße / Haus-Nr. / PLZ / Ort

Tel.-Nr. / E-Mail

Gewünsche Zahlungsweise bitte ankreuzen:

☐ **Gegen Rechnung** (Bitte keine Vorauszahlung leisten)   ☐ **Bankeinzug** (Bequem und bargeldlos)

Bankleitzahl   Kontonummer

Geldinstitut

Vertrauensgarantie: Die Bestellung wird erst wirksam, wenn sie nicht binnen zwei Wochen schriftlich beim MERIAN Leserservice, Postfach 60 12 20, 22212 Hamburg, widerrufen wird. Zur Wahrung der Frist genügt die rechtzeitige Absendung des Widerrufs. Dieses Angebot gilt nur in der Bundesrepublik Deutschland und solange der Vorrat reicht. Das Dankeschön darf ich auch bei Widerruf behalten.
1) Wenn ich nicht innerhalb von 2 Wochen nach Erhalt der 2. Ausgabe des Mini-Abonnements schriftlich beim Leserservice absage, beliefern Sie mich bitte im Jahres-Abonnement (12 Hefte zum Vorzugspreis von 76,40 Euro).
Die Kenntnisnahme dieser Hinweise bestätige ich durch meine Unterschrift.

Datum / Unterschrift   ME 12/05 23774/23775/23776

Unser Dankeschön für Ihr Interesse am Mini-Abo:
MERIAN extra Deutschland.

Ein MERIAN Abonnement bietet Vorteile:

1. 15% Preisvorteil
Sie erhalten 12 Ausgaben z[um] Vorzugspreis von 76,40 E[uro] statt 90,00 Euro.

2. Service
Sie erhalten jede MERI[AN] Ausgabe pünktlich frei Ha[us] Porto und Verpackung zah[len] wir für Sie.

3. Vertrauensgarantie
Eine Bestellung wird erst wirks[am], wenn sie nicht binnen 14 Ta[gen] schriftlich beim MERIAN-Le[ser]service, Postfach 60 12 [20] 22212 Hamburg, widerru[fen] wird. Zur Wahrung der F[rist] genügt die rechtzeitige [Ab]sendung des Widerrufs.

4. Geld-zurück-Garantie
Sie können Ihr Abonneme[nt] jederzeit kündigen und erhal[ten] für gezahlte und noch n[icht] gelieferte Hefte natürlich [Ihr] Geld zurück.

Bestellen Sie einfach und bequem per

 MERIAN-Leserserv[ice]
Postfach 60 12 20
22212 Hamburg

 040 / 87 97 35 4[0]

 040 / 27 17 20 79

 www.merian.d[e]

MERIAN
Die Lust am Reisen

GUTSCHEIN

Lust auf Reisen?

MERIAN präsentiert zwölfmal jährlich ein lebensnahes und facettenreiches Porträt einer Stadt, einer Region oder eines Landes auf höchstem Niveau. Mit dem monatlich erscheinenden Magazin MERIAN erleben Sie einzigartige Bilder und packende Reportagen.

Das ist ein Geschenk für:

_____

Die nächsten 12 Ausgaben
sind ein Geschenk von:

_____

Die Lieferung beginnt, sobald die oben stehende Abo-Postkarte ausgefüllt an den MERIAN Leserservice, Postfach 60 12 20, 22212 Hamburg eingegangen ist.

Online geht die Reise los

www.merian.de
Tausende von Reisezielen, Eventkalender, Reportagen, Tipps & Empfehlungen und weitere exklusive Angebote im MERIAN Premium Shop

---

Ich möchte bestellen.
Bitte liefern Sie die Produkte an folgende Adresse:

Name / Vorname des Bestellers

Straße / Haus-Nr.

PLZ / Ort

Tel.-Nr. / E-Mail

Datum / Unterschrift   ME 12/05

Rechnung abwarten – bitte keine Vorauszahlung leisten.
Die Lieferung erfolgt, innerhalb Deutschlands, porto- und versandkostenfrei. Auslandslieferungen auf Anfrage.

☐ Mit der Zusendung von Informationsmaterial bin ich einverstanden.

☐ Ich habe den Bestellwert von 25,– Euro erreicht und erhalte „Best of MERIAN" als Dankeschön dazu.

Bitte tragen Sie hier die Kennwörter, Anzahl und Preise ein:

Kennwort	Anzahl	Einzelpreis (Euro)	Gesamtpreis (Euro)

Summe

MERIAN
Die Lust am Reisen
DAS MONOGRAPHIE-PROGRAMM

Ihre Bibliothek des Reisens

Wenn Sie MERIAN jetzt abonnieren, erhalten Sie mit den kommenden 12 Ausgaben die Welt von MERIAN frei Haus. Monat für Monat vervollständigt jedes Heft Ihre Bibliothek der Länder, Regionen und Städte.

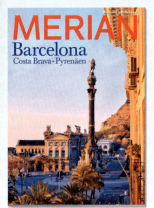
MERIAN 05/2005

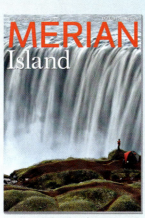
MERIAN 06/2005

MERIAN 07/2005

MERIAN 08/2005

MERIAN 09/2005

MERIAN 10/2005

MERIAN 11/2005

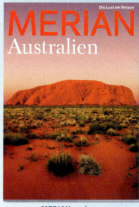
MERIAN 12/2005

MERIAN 01/2006

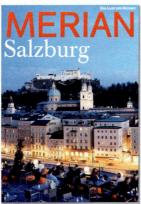
MERIAN 02/2006

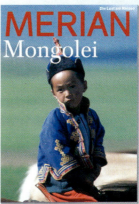
MERIAN 03/2006

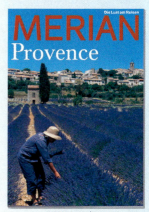
MERIAN 04/2006

MERIAN ist das Synonym für Reisen und Kultur auf höchstem Niveau. Wertvolle Tipps und detailgetreue Kartographie erleichtern Ihre Reiseplanung und geben Ihnen neue Ideen und Ziele.

Seit über 55 Jahren: Kein Programm ist so vielseitig und von bleibendem Wert wie MERIAN.

Nutzen Sie auch den bequemen **BESTELLSERVICE** unter Telefon **0 40/87 97 35 40** oder **www.merian.de/shop**

Veranda-Hocker trifft Walhai

ESSAY VON TIM WINTON Er ist einer der besten Literaten des Landes. Tim Winton schrieb mehr als 30 auch international beachtete Romane (auf Deutsch: „Der singende Baum"), Sachbücher und Kinderbücher. Mehrfach wurde der zurückgezogen lebende Westaustralier ausgezeichnet. Winton ist ein Surfer auf der Suche nach dem ruhigen Leben und der Welle

Wir sind Insulaner. Vorne umspült vom Ozean und hinten bedrängt von der Wüste – inmitten eines geheimnisvollen Zweifrontenkrieges. Australier sind keine dem Meer zugewandten Menschen, keine großen Seefahrer – eher Küstenbewohner, die sich mit dem Rand des Wassers zufrieden geben. Wir leben nicht deswegen am Meer, weil es dort angenehm ist. Sondern weil von den beiden großen Geheimnissen, dem Meer und der Wüste, das Wasser uns freundlicher erscheint; seine Rätsel und Wunder sind erfahrbarer. Es ist eine Perspektive, die sich bewegt, die rollt und anschwillt, sich verwirbelt und aufbäumt, die sich von Minute zu Minute verändert. Sie verspricht uns mehr Gewinn, eröffnet uns mehr Möglichkeiten: Wenn man nur lange genug aufs Meer hinausschaut, wird schon irgendetwas auftauchen.

Wir sind eine Nation von Veranda-Hockern. Der australische Architekturkritiker Philip Drew formuliert es so: „Der Strand ist unser landschaftliches Äquivalent zur Veranda. Die Veranda am Rand des Kontinents." Unter den gefurchten Brauen unserer Häuser, den Dächern, schauen wir hinaus aufs Meer, und ganz wunderbare Dinge tauchen dort auf.

Nirgendwo auf dem Kontinent ist das Gefühl des Gefangenseins zwischen Meer und Wüste so stark wie in Westaustralien, an vielen Stellen dieser endlos langen und unendlich einsamen Küste ist der Strand die einzige Trennlinie zwischen beiden Extremen. Vom Meer aus schaut man direkt auf den roten Sand; wenn man dann in der Wüste steht, hat man den stählernen Schimmer des Indischen Ozeans genau vor Augen. Einerseits gibt es Kängurus am Strand, andererseits Muschelschalen weiter drinnen im Landesinneren.

Weil wir zum Glück viel mehr Landschaft und Küste haben als Menschen, sind unsere Strände und Flachwasser noch immer voller Leben, voller Vielfalt und Fremdartigkeit. Wir besitzen unendlich viele Küstenmirakel, Erscheinungen und Wunder. Wir haben sie Gott sei Dank noch nicht alle zerstört.

Wenn ich beispielsweise ganz in der Nähe von Exmouth und außerhalb des langen Korallensaums des Ningaloo Reef langsam mit dem Boot gen Süden fahre, lasse ich mich gern von der sanften Dünung schaukeln. Manchmal entdecke ich dabei auf der Wasseroberfläche merkwürdige Wirbel, die auf den ersten Blick wie „Fußabdrücke" wirken. Also vermute ich, dass sie von einem Buckelwal stammen. Sobald ich näher komme, erkenne ich, dass die Wirbel mehr sind als nur Wasser. Der Schatten hat einen Körper, er dreht sich, und eine mächtige Rückenflosse bricht durch die Oberfläche, und ich sehe, dass es ein Walhai ist. Ein Acht-Meter Hai, dessen Schwanzflosse wie ein Fabriktor hin- und her schwingt. Ich renne aufs Deck, ziehe mir Taucherbrille und Flossen über. Mein Herz klopft vor Aufregung bis zum Hals.

Ich stürze mich in das grenzenlose Blau und sehe nur Blasen und sonderbare Quallen. Winziges, staubähnliches Plankton schwebt an mir vorbei, irritiert meine Augen: In diesen Tiefen verliert man das Gefühl für Größenverhältnisse, hat keine Orientierungs- oder Vergleichspunkte. Wenn also unter mir ein kleiner, grauer Schatten auftaucht, kann ich nicht gleich erkennen, ob es eine Sardine oder ein Atom-U-Boot ist. Aber wenn der Umriss dann langsam aufsteigt, schärfer wird, ich eine Öffnung erkennen kann, an deren Unterseite kleine Fische hängen, weiß ich plötzlich: Es ist ein Haimaul, so groß wie die Schaufel eines Löffelbaggers!

Der Hai ändert den Kurs, und in dem Moment, in dem ich die Länge seines Körpers erkenne, trifft mich ein Schock.

Seine mächtigen Flanken sind zart gesprenkelt, sein Anblick so zauberhaft wie die Punktzeichnungen der Aborigines, gleichzeitig Furcht einflößend wie ein Schiffsrumpf. Erstaunlich geräuschlos, gemächlich und scheinbar in Zeitlupe zieht er dahin. Es ist Schwerstarbeit, wenn ich mit ihm mithalten will. Er schmückt sich mit winzigen Symbionten, mit Kopfsaugern, Schiffshaltern und Putzerfischen. Das Licht von oben, von der Wasseroberfläche, tanzt und glitzert auf seiner Haut, und sein Anblick lässt mich meine Lippen um das Schnorchelmundstück zu einem Lächeln in die Breite ziehen.

Ich hole noch einmal Luft und tauche dann steil in die warme tropische Tiefe ab, drehe mich auf den Rücken und schwimme still unter seinem blassen, drallen Bauch entlang. Er sperrt die Sonne aus. Von tief unten schrauben sich zwei Haie, noch ganz winzig, zu mir hoch, wie von unterseeischen Steigströmungen gezogen. Und während ich langsam und mit leeren Lungen zur Oberfläche treibe, erkenne ich, dass es Bronzehaie sind. Sie erscheinen mir kaum größer als die Blasen, die ich hinter mir herziehe.

Bald sind die Haie sehr nahe. Sie kommen bis auf zehn Meter heran, fangen an zu kreisen, interessiert, aber nicht erregt, und erst jetzt begreife ich wirklich, wie groß das Tier tatsächlich ist, mit dem ich eben noch schwamm. Jetzt, da diese beiden Fleischfresser mir so nah sind, bekomme ich erst ein richtiges Gefühl für die Ausmaße des Walhais. Ich schwimme schneller, um ihn nicht zu verlieren.

Und er ist wirklich unglaublich groß. Aber er ist Planktonfresser und erlaubt mir, eine Weile mit ihm zu schwimmen, solange ich mich still verhalte. Mit aufgerissenem Maul durchsiebt er das Wasser, betrachtet mich dabei ohne großes Interesse. Dann taucht er langsam und mit einer fast unmerklichen Veränderung seiner Flossenstellung in die Tiefe ab. Ganz allmählich verschwindet seine Schwanzflosse in einem Schleier aus Wasser unter mir.

Ich höre auf zu schwimmen. Trete Wasser an die Oberfläche. Staune: In Sichtweite des Strands, wo eine riesige, rote Wüste in der Hitze flimmert, bin ich mit einem Walhai geschwommen, dem größten Fisch des Meeres. Von März bis Juni, ganze vier Monate lang und tagtäglich, in denen der Hai sich im planktonreichen, warmen Wasser des Ningaloo satt frisst, kann dies vor unserer Küste zum Erlebnis werden. Das Riff selbst ist schon ziemlich spektakulär, die Heimat von Hunderten von Korallen- und Fischarten. Aber mit einem Walhai zu schwimmen, übertrifft einfach alles!

Die Wale ziehen während dieser Monate mit ihren Jungen aus der Antarktis nach Norden. Sie suchen Schutz vor der aufgewühlten See in geschützten, türkisfarbenen Buchten der Westküste. Sie springen und fliegen in riesigen Gischtfahnen. Im Sommer legen Schildkröten hier ihre Eier ab, und bei Sonnenuntergang kann ich beobachten, wie die frisch geschlüpften Jungen zum Wasserrand wuseln – die Spuren, die sie hinterlassen, sind gerade noch zu erkennen in den letzten Sonnenstrahlen. Und an 365 Tagen im Jahr kann ich südlich von Exmouth im Flachwasser stehen und spüren, wie wilde Delfine mir um die Beine streichen, unter meiner Hand hindurchschlüpfen. Und hinter mir, in meinem Rücken, ist nichts als Wüste.

Für mich sind diese Anblicke, diese Erlebnisse große Privilegien. Sie sind bewegend, inspirierend und auf merkwürdige Art vereinigend. Vielleicht sogar religiös, denn alles, was lebt, ist heilig und irgendwie Teil des Ganzen.

Wir Australier beuten die Natur aus. Und doch bin ich optimistisch, was unsere Westküste angeht: Hier hat es, solange ich es bewusst erlebe, einen enormen Sinneswandel gegeben, was die Natur, unser Meer betrifft. Gleichzeitig ist die Natur ihr eigener Fürsprecher geworden: Diejenigen, die sie in ihrer reinsten Form erleben, sind nach solchem Erleben wie verwandelt. Das muss auch so sein. Denn die Ozeane der nördlichen Hemisphäre sind in schlechter Verfassung, überall auf der Welt bleichen Korallenriffe aus, werden Fischgründe zerstört. Westaustralien aber besitzt eine der letzten großen, wilden Küsten unseres Planeten. Sollte sie je an Überfischung, an Überentwicklung und Umweltverschmutzung, an schlichter Nachlässigkeit oder Hektik zu Grunde gehen – was bliebe uns dann noch? Global gesehen vielleicht ein Gefühl von Nostalgie. In Australien aber eine tiefe Schwermut. Und die Wüste in unserem Rücken. In unseren Herzen aber etwas unendlich viel Trostloseres.

Im Exil auf der Insel Guernsey schrieb Victor Hugo vor beinahe anderthalb Jahrhunderten etwas sehr Prophetisches über den Menschen und die Natur:

Nichts lässt ihn stocken, keine Masse, kein Felsblock, keine Sperre, keine Gewalt der glanzvollen Materie, keine Herrlichkeit der Natur. Sind die Maßlosigkeiten der Natur in seiner Reichweite, schlägt er Breschen in sie. Diese zerstörbare Seite Gottes lockt ihn und, mit dem Hammer in der Hand, geht er zum Sturmangriff auf die Unendlichkeit über.

Das Zitat stammt aus Victor Hugos „Die Arbeiter des Meeres", Achilla Presse Verlagsbuchhandlung 2002. **Klaus Berr** übersetzte den Text aus dem Englischen.

Boomerang Reisen - der innovative Spezialreiseveranstalter für Australien, Neuseeland, die Südsee und das Südliche Afrika.

Markenzeichen & Besonderheiten unseres Unternehmens:

- Individuelle, maßgeschneiderte Angebote
- Intensive Kundenberatung
- Professionelles Team mit hervorragenden Länderkenntnissen
- Vielseitige Reiseangebote
- Geländewagen-Infotage
- Tourenmanual
- Gold- und Mineraliensuche

Ihr Fernreisenspezialist - zum Greifen nah!

www.australien.com

achen Sie sich ein Bild von unserem besonderen Service. Ihre Vorstellungen und Wünsche sind unsere Herausforderung! Wenn Sie ein günstiges Reiseangebot mit Boomerang Reisen und Singapore Airlines suchen, schauen Sie doch einfach unter **www.australien.com** aktuelle Angebote nach. Hier haben wir speziell für Sie zahlreiche Reisen ausgearbeitet.

A great way to fly
SINGAPORE AIRLINES
A STAR ALLIANCE MEMBER

r unser Hauptpartner ist die Singapore Airlines.
r erleben Sie die besondere Art des Fliegens:
rfekter Bordservice, über den auch andere Flugge-
lschaften sprechen
he der modernsten Flotten der Welt
orld Gourmet Cuisine
isWorld-Bordunterhaltungsprogramm mit über 500
deo-, Audio- und Spiel-Optionen, auch interaktiv
queme Sitze mit Kopf- und Fußstützen
les & More- und KrisFlyer-Vielfliegerprogramm
nstige Stopover-Möglichkeiten in Singapur

www.singaporeair.de

Aktuelle Kataloge, individuelle Angebote und eine umfangreiche Reiseberatung erhalten Sie jederzeit in einer unserer **12 Filialen**.

Berlin · Bottrop · Düsseldorf · Frankfurt · Hamburg · Hannover · Köln · Leipzig
München-Unterhaching · Nürnberg · Stuttgart

Boomerang Reisen Zentrale
Biewerer Straße 15 • 54293 Trier
Tel. 0651 - 9 66 80 - 0 • Fax: 0651 - 9 66 80 - 60
www.boomerang-reisen.de

Tänze waren zu allen Zeiten bedeutend für die Ureinwohner: Jeder Clan hat seinen eigenen und eine spezielle Körperbemalung. Jeder der Tänze erzählt eine Geschichte, meist eine über Tiere, oft die von Vögeln

 ARNHEM LAND | NORTHERN TERRITORY

Einmal im Jahr findet das Garma-Kulturfestival statt: eine einzigartige Gelegenheit für nur wenige geladene Reisende, die Rituale einer der ältesten Kulturen der Welt zu erleben **Text: Ulrike Putz**

DIE ERDE IST IHR HIMMEL

40 000 JAHRE LEBTEN DIE ABORIGINAL PEOPLE IM EINKLANG MIT DER NATUR

Menschen zwischen den Welten: Heute sollen die Kinder auch wieder mit der Kultur ihrer Vorfahren aufwachsen. Körper- und Haarbemalung in Verbindung mit Tanz spielen eine bedeutende Rolle bei den Initiationsriten, die im Alter von etwa 13 Jahren ihren Höhepunkt finden

Foto: David Hancock

Kunst ist Teil des Lebens für die Aboriginal People. Sie verbindet Gestern und Heute, Spiritualität und Realität, Mensch und Natur

Zuerst ist alles noch grau und still. In den Minuten vor Sonnenaufgang ist der endlose Eukalyptuswald um uns herum nur zu erahnen, das Meer blitzt als heller Strich am Horizont. Stumm kauern wir auf einer Felsklippe im Busch. Die Taschenlampen, die unsere Gruppe auf dem Weg durch die Dunkelheit zur Glühwürmchen-Prozession machte, sind erloschen. Dann erhebt Gulumbu ihre Stimme. Brüchig und rau „singt sie den Morgen", flüstert ihre Schwiegertochter Alice. „Durch unseren Gesang wecken wir Yolngu-Frauen die Vögel, lassen wir den Morgenstern verblassen und den Wind atmen. Jeden Morgen singt eine von uns dieses Lied, seit der Traumzeit und der Erschaffung der Welt. Ohne dieses Lied würde es nicht Tag werden."

Als Gulumbu verstummt, hat die aufgehende Sonne der tropischen Landschaft ihre Farben zurückgegeben, der Erde ihr leuchtendes Rot, den Eukalyptusblättern das silbrige Grün. Vögel singen, Eidechsen lugen unter den Steinen hervor. Und auf einmal sind wir alle nicht mehr Teil eines uralten Rituals, sondern Gäste des siebten Garma-Festivals des Yolngu-Volkes, die sich morgens um halb fünf fröstelnd aus ihren Iglu-Zelten geschält haben, um Mäuschen im Alltag der Aboriginal People zu spielen.

Man könnte Garma als fünftägiges Ethno-Spektakel beschreiben, mit dem findige Führer des Yolngu-Volks es verstanden haben, einmal im Jahr Touristen in ihren entlegenen Winkel Australiens zu locken. Doch Garma ist erst in zweiter Linie für Besucher gemacht: Für die Clans des Arnhem-Landes ist es das jährliche Familientreffen, zu dem mitten im Busch bis zu 1000 Menschen zusammenkommen. Es ist Campingurlaub, Heiratsmarkt, Gerüchteküche. Für die Männer ist es Anlass für Ausflüge, bei denen sie im Meer mit dem Speer nach Stachelrochen jagen. Für die Frauen ist Garma Gelegenheit, in großer Runde ihre traditionellen Bilder zu malen. Dabei sitzen große Künstlerinnen mit in der Malhütte: Gulumbu Yunupingu hat ihre Baumrinden mit mythologischen Motiven schon bei der Expo 2000 in Hannover ausgestellt, 2004 wurde ihr für eine Serie von Grabschmuckpfählen der erste Preis für Aborigines-Kunst verliehen.

Für die in Kompaniestärke angereisten Ethnologen, Musikwissenschaftler und Sprachforscher ist Garma ein Glücksfall. Sie können hier in wenigen Tagen mehr Material sammeln als bei wochenlangen Reisen durch den Busch. Garma – das Wort bedeutet in der Yolngu-Sprache „öffentlich" – ist zudem Auftakt eines landesweiten Archivierungs-Projekts, mit dem Lieder und Legenden aller Urvölker aufgezeichnet und so vor dem Vergessen bewahrt werden sollen: Überall sind Mikrofone, Kameras. Und für die wenigen Touristen ist Garma die einma-

Zur Kunst zählen außer Tanz, Malerei und Musik auf dem Didgeridoo auch das Körbeflechten aus gefärbten Pandanus-Palmblättern

lige Chance, Aboriginal-Kultur mitzuerleben, ohne als Adressat eines Folklore-Spektakels im Mittelpunkt zu stehen: ein guter Grund, von Darwin 600 Kilometer nach Osten zu fliegen, auf dem Buschflughafen der öden Minenstadt Nhulunbuy in einen schlammig roten Jeep zu klettern und eine Stunde später mitten im Busch in eines von hunderten Zelten zu kriechen.

Schon am ersten Morgen stellt sich heraus, dass das traditionelle Yolngu-Leben Talente verlangt, die wir Städter nicht mitbringen: Nach einigen Stunden Körbeflechten und Feuermachen per Stöckchenreiben haben fast alle Blasen an den Händen. Dafür schlafen wir nachts in der Wiege der Aboriginal-Kultur: Dieser Küstenstreifen ist vermutlich jener Ort, an dem vor etwa 45 000 Jahren die ersten Menschen in Australien landeten. Dazu galt es, eine 70 Kilometer breite Meerenge zwischen Indonesien und Australien zu überwinden. Damals haben zum ersten Mal Menschen planmäßig eine derartige Strecke auf See bewältigt – zu einer Zeit, als in Europa noch die Neanderthaler siedelten.

Von der Gove-Halbinsel aus eroberten die Ureinwohner in den folgenden Jahrtausenden Australien – vom Hochgebirge bis in die Tropen, von der Wüste bis ins Sumpfland. Aus einzelnen Clans wurden Völker: Etwa 250 Sprachen mit etwa 700 Dialekten entstanden.

Spritueller Mittelpunkt des Lebens war und ist die Landschaft, die die Aboriginal People ernährt. So ist der Wald, in dem unsere Zelte stehen, ein Heiligtum. Hier wurde dem Mythos nach das *didgeridoo* erschaffen, jenes traditionelle Blasinstrument, dem die Ureinwohner wenige dunkle Töne und eine Vielfalt von Geräuschen entlocken: Einer der gottgleichen Vorväter schleuderte zu Traumzeiten von dieser Klippe aus voller Zorn einen Baumstamm ins ferne Meer, der Baum barst und ward zum Blasinstrument.

Wem der Urahn zürnte, finden wir nicht heraus. Heiliges Wissen darf nur an Eingeweihte weitergegeben werden, neugierigen Fragen weichen die Yolngus höflich aus. Auch deshalb verschmelzen die Welten, die Besucher und Einheimische trennen, nur selten: Hat man morgens noch gemeinsam die Sonne begrüßt, sitzen Yolngus und Weiße abends nach Programmende von einander getrennt an den Lagerfeuern.

Es ist das volle Röhren der *didgeridoos*, das Abend für Abend zum

> **MERIAN|TIPP**
>
> Das fünftägige Garma-Festival findet alljährlich Anfang August statt. Alle Infos unter **www.garma.telstra.com**. Buchungen von Deutschland aus nur über den Kieler Reiseveranstalter Gebeco, **www.gebeco.de**, innerhalb Australiens über World Expeditions, **www.worldexpeditions.com.au**. Achtung, das Kontingent für Touristen ist begrenzt!

SIE FEIERN IHRE MYSTISCHE VORSTELLUNG VON DER WELT

KEIN WEISSER WIRD DIE SCHÖPFUNGSGESCHICHTE JE GANZ ERFAHREN

bunggul, zum großen Tanz bei Sonnenuntergang, zusammenruft. Unsere Zeltnachbarn, die beim Mittagessen in Jeans und T-Shirt neben uns saßen, tragen jetzt Lendenschurz, Körper und Gesicht sind mit Lehm bemalt. Zum Rhythmus der Lieder halten sie feierlich Einzug auf dem Versammlungsplatz, dann beginnt die Vorführung: Männer und Frauen schreiten durch den Sand, tänzeln vor und zurück.

Anschwellender Gesang markiert den Moment, in dem Solisten mit schnellen Sprüngen den Tanz zum Ende bringen, eindrucksvoll und rätselhaft zugleich. Wäre da nicht Mandawuy Yunupingu, der den weißen Gästen erklärt, wie diese Tänze, die das ganze Wissen der Yolngu enthalten, zu lesen sind. „Dies ist der Tanz, der an die frühen Handelsbeziehungen mit indonesischen Fischern erinnert", sagt er über Mikrofon an, als der Vortänzer sich mit großer Geste eine Zigarette ansteckt: „Um 1600 herum kamen sie an diese Küsten und brachten uns den Tabak." Auch der nächste Tanz wird verständlich, wenn man weiß, dass das scheinbar wilde Gehopse eine Art Anleitung zur erfolgreichen Känguru-Jagd ist.

Mandawuy ist nicht nur der Zeremonienmeister des *bunggul*. Er ist der Sänger der weltweit erfolgreichen Didgeridoo-Rockgruppe Yothu Yindi und wurde 1992 zum „Australier des Jahres" gekürt. Das Geld, das er als Musiker verdiente, steckte er in die Yothu-Yindi-Stiftung und das Garma-Festival. Seine Mission ist das gegenseitige Lernen. „Ich glaube, die meisten weißen Australier akzeptieren inzwischen, dass unser Wissen eine tiefe intellektuelle Kraft hat", sagt er nach dem *bunggul* bei einer Tasse Tee unter Abermillionen Sternen. Doch noch immer wird die Kultur der Aborigines als geheimnisumwittert und unzugänglich wahrgenommen. „Unser Leben ist aber kein Museumsstück. Damit ihr das begreift, wollen wir es für die Dauer von Garma mit euch teilen."

Den letzten Schleier des Mysteriums aber will auch Mandawuy nicht lüften. „Geisterwelten kann man nicht erklären. Wo ihr an eure Grenzen stoßt, lernt ihr immerhin eines: So verloren wie ihr haben sich unsere Vorfahren gefühlt, als sie plötzlich eure Kultur begreifen sollten."

Dass die Yolngus zu einem der politisch aktivsten der Aboriginal-Völker wurden, liegt vor allem daran, dass ihr Land so unzugänglich ist. Erst 1935 stießen Methodisten-Missionare in den endlosen Eukalyptuswald des Arnhem-Landes vor. Als dort Anfang der sechziger Jahre Bauxit gefunden wurde, waren die Heimstätten vieler anderer Aborigines-Völker bereits zerstört, die Yolngus gewarnt. 1963 wandten sie sich mit einer auf Baumrinde verfassten Petition ans Parlament, damit ihr Land vom Tagebau verschont bleibe. Das Rinden-Schriftstück wurde berühmt und hängt heute an einem Ehrenplatz im Parlamentsgebäude. Die Bauxit-Mine wurde dennoch gebaut – und brachte wenigstens ein bisschen Geld und Arbeit.

Abseits der Zeltkolonie, geschützt vor den Blicken der Männer, haben die Frauen am letzten Vormittag ein Feuer entzündet. Jetzt ersticken sie die Flammen mit nassen Binsen aus dem nahen Bach, breiten Blätter über die Glut. Eine junge Frau wird herangeführt. Sie geht langsam, vor vier Tagen hat sie ein Kind geboren. Nackt, mit dem Rücken an den Stamm gelehnt, hockt sie sich tapfer lächelnd über die dampfende Feuerstelle. Eine Alte schlägt ihr mit Reisig hart auf die Brust. Der Dampf sorgt dafür, dass sich die Organe wieder zusammenziehen, die Schläge fördern den Milchfluss, erklärt Gulumbu. Sie nimmt eine Hand voll roten Sand und knetet ihn dem neugeborenen Mädchen in den Nacken. Warum? „In dieser Erde leben die Geister unserer Vorfahren. Es ist ihre Art, das Kind zu segnen." □

Ulrike Putz *war vom Mitmachen begeistert, von der Rollenverteilung nicht: Sie hätte lieber mit dem Speer gefischt, statt Körbe zu flechten.*

Australiens bekannter Sänger Mandawuy wirbt bei den Weißen für Verständnis – für die Traditionen der Aboriginal People

MERIAN | TIPP Aboriginal People

DIE UNSICHTBAREN AUSTRALIER

Die Bezeichnung Aborigines oder Aboriginal (lat. *ab origine*, „vom Ursprung") für die Ureinwohner gilt heute in Australien als abwertend. Man sagt „Aboriginal People" oder „indigene Völker" – Sammelbegriffe für die einst etwa 500 Völker mit 250 Sprachen, die als Jäger und Sammler in einem komplexen spirituell-religiösen wie sozialen Netz lebten. Genaue Zahlen gibt es nicht, heute werden noch etwa 50 Sprachen gesprochen und noch immer gibt es die „Traumpfade", die die Stammesterritorien andeuten.

Die intakte Welt der Aboriginal People geriet aus den Fugen, als 1788 die erste Flotte mit britischen Sträflingen in der Bucht von Sydney Anker warf, um die angebliche „Terra nullius" – Niemandsland – Australien zu besiedeln. Hundert Jahre später waren von den geschätzten mehreren hunderttausend Ureinwohnern zur Zeit der „First Fleet" noch 50 000 am Leben, die anderen starben an eingeschleppten Krankheiten, Tausende wurden von weißen Siedlern getötet. Wo sich die Europäer den neuen Kontinent untertan machten, wurden die Lebensräume der Aborigines zerstört: Die Siedler beanspruchten Land und Wasserlöcher für sich und brachten Kaninchen, Schafe, Rinder mit, die die einheimischen Tiere, Nahrungsgrundlage der Aborigines, verdrängten. Auf den riesigen Viehfarmen, die auf dem angestammten Land der Urvölker entstanden, lebten die „black fellas" als rechtlose Sklavenarbeiter. Erst in den 1960ern erhielten die Aborigines in ganz Australien Wahlrecht, bis 1967 wurde über sie etwa im „Flora and Fauna Act" (New South Wales) bestimmt. Noch bis 1970 wurden etwa 100 000 Kinder der Aboriginal People ihren Eltern weggenommen, um sie in christlichen Kinderheimen fern vom vermeintlich schädlichen Einfluss ihrer Kultur aufzuziehen. Erst Anfang der neunziger Jahre schlossen sich die Überlebenden dieser „gestohlenen Generationen" zusammen und kämpfen seitdem für Wiedergutmachung. Die von ihnen geforderte offizielle Entschuldigung der Regierung hat Premierminister John Howard bis heute verweigert.

Neben der rechtlichen Gleichstellung war die Rückgabe ihres Landes das Hauptanliegen der Aborigines. Die „Land Rights"-Bewegung formierte sich 1968, als hunderte Angehörige des Gurundji-Volks ihre Arbeit auf der Wave Hill Farm niederlegten, um gegen den Diebstahl ihres Landes zu protestieren. 1972 wurde die Bewegung seitens der Regierung anerkannt, das Wahrzeichen Australiens, der Uluru (Ayers Rock) aber erst 1985 zurückgegeben. Aber da die Aboriginal People keine Besitzurkunden für ihr Stammesland besaßen – Menschen ohne Schrift haben diese schwerlich –, mussten die Gerichte mündliche Überlieferungen und Liedtexte als Beweise für die lange, ungebrochene Bindung einer Volksgruppe an eine Region prüfen. Ein mühsames Unterfangen, das sich vorerst auf kleine Teile des Northern Territory beschränkte. Den Durchbruch brachte Koiki (Eddie) Mabo; zehn

Cowboys für eine Saison: Aboriginals in den Tanami Downs, NT

Jahre lang kämpfte der Stammesführer und Rechtsanwalt für die Rückgabe der Mer-Insel vor der Küste Queenslands. 1992 fällte das höchste Gericht Australiens das bahnbrechende Urteil: Australien war bei der Besiedlung durch die Europäer keine „Terra nullius", sondern ein Kontinent im Besitz seiner Ureinwohner. Damit war der Weg zur Rückgabe ganzer Landstriche frei – und die Aboriginal People in Theorie die rechtmäßigen Besitzer riesiger Erzvorkommen. Doch der den indigenen Völkern zugestandene Rechtsanspruch wurde schnell relativiert. Unter dem Druck der Bergbaukonzerne beschloss die Regierung, dass ein „native title" nicht automatisch Schürfrechte beinhaltet und die Verträge der Konzerne weiter in Kraft blieben. Für die knapp eine halbe Million Ureinwohner, die heute in Australien leben, bedeutet das, dass sich ihre Lebensumstände in den vergangenen 15 Jahren kaum verbessert haben: Die Lebenserwartung ist auf Grund der schlechten medizinischen Versorgung immer noch um etwa 20 Jahre niedriger als die eines weißen Australiers. 2004 lag die Arbeitslosigkeit unter den Aboriginal People bei etwa 38 Prozent (allgemein unter sechs Prozent), überdurchschnittlich viele Jugendliche sind alkohol- oder drogenabhängig.

Einen Ausweg aus der Perspektivlosigkeit bietet neben dem Sport – viele der größten Rugby-Talente Australiens sind Aborigines – die Kunst. Seit 1971 der Dorfschullehrer von Papunya nordwestlich von Alice Springs einige alte Männer dazu brachte, ihre Gemälde nicht mehr in den Sand, sondern auf Leinwand zu malen, hat die Bilderwelt der Aborigines den weltweiten Kunstmarkt erobert. Die Bandbreite reicht dabei von Souvenir bis Meisterwerk: Für Bilder von Rover Thomas, dem 1998 gestorbenen Grandseigneur der Aboriginal-Kunst, werden bei den großen Auktionshäusern Preise bis zu 300 000 Euro gezahlt.

MERIAN

Heft 12/2005, Dezember, Erstverkaufstag dieser Ausgabe ist der 17.11.2005
MERIAN erscheint monatlich im Jahreszeiten Verlag GmbH, Poßmoorweg 5, 22301 Hamburg
Tel. 040/27 17-0, Fax 040/27 17-20 56 **Anschrift der Redaktion:** Poßmoorweg 2, 22301 Hamburg
Postfach 130444, 20139 Hamburg, E-Mail: Redaktion@Merian.de, Tel. 040/27 17-0
Website: www.merian.de **Leserservice:** Postfach 601220, 22212 Hamburg
Tel. 040/87 97 35 40, Fax 040/27 17-20 79 **Syndication:** www.jalag-syndication.de
GourmetPictureGuide: Stefanie Lüken, Tel. 040/271 720 02, Fax 040/27 17 20 89, www.gourmetpictureguide.de

Herausgeber: Manfred Bissinger
Chefredakteur: Andreas Hallaschka
Art Directorin: Sabine Lehmann **Chef vom Dienst:** Tibor M. Ridegh **Redakteure:** Kathrin Sander,
Charlotte von Saurma, Roland Benn (freie Mitarbeit), Thorsten Kolle (freie Mitarbeit)
Redakteurin dieses Heftes: Charlotte von Saurma **Schlussredaktion:** Tibor M. Ridegh, Jasmin Wolf
Layout: Cornelia Böhling, Ingrid Koltermann, Dorothee Schweizer (stellv. Art Directorin)
Bildredaktion: Hanni Rapp, Eva M. Ohms, Lars Lindemann (freie Mitarbeit) **Bildredakteurin dieses Heftes:** Eva Ohms
Kartographie: Peter Münch **Dokumentation:** Jasmin Wolf, Sebastian Schulin (freie Mitarbeit)
Mitarbeit: Violetta Bismor, Helmut Golinger, Annett Rensing
Herstellung: Karin Harder **Redaktionsassistenz:** Sabine Birnbach, Katrin Eggers
Geschäftsführung Premium Magazine: Peter Rensmann **Verlagsleitung Premium Magazine:** Oliver Voß
Gesamt-Anzeigenleitung: Roberto Sprengel **Anzeigenleitung:** Christel Janßen
Anzeigenstruktur: Patricia Hoffnauer **Marketing:** Kenny Machaczek, Ulrich Rieger, Sonja Wünkhaus
Vertriebsleitung: Jörg-Michael Westerkamp (Zeitschriftenhandel), Uwe Diestelrath (Buchhandel)
Verantwortlich für den redaktionellen Inhalt: Andreas Hallaschka
Verantwortlich für Anzeigen: Roberto Sprengel

Verlagsbüros Inland:
Hamburg: Tel. 040/27 17-25 95, Fax -25 20, E-Mail: vb-hamburg@jalag.de
Berlin: Tel. 030/80 96 23-60, Fax -70, E-Mail: vb-berlin@jalag.de
Hannover: Tel. 0511/85 61 42-0, Fax -19, E-Mail: vb-hannover@jalag.de
Düsseldorf: Tel. 0211/901 90-0, Fax -19, E-Mail: vb-duesseldorf@jalag.de
Frankfurt: Tel. 069/97 06 11-0, Fax -44, E-Mail: vb-frankfurt@jalag.de
Stuttgart: Tel. 0711/966 66-520, Fax -22, E-Mail: vb-stuttgart@jalag.de
München: Tel. 089/99 73 89-30, Fax -44, E-Mail: vb-muenchen@jalag.de

Repräsentanzen Ausland:
Basel: Intermag AG, Tel. +4161/275 46-09, Fax -10, E-Mail: info@intermag.ch
London: The Powers Turner Group, Tel. +44 20/7630 99 66 Fax 76 30 99 22, E-Mail: cweiss@publicitas.com
Mailand: Media & Service International Srl, Tel. +39 02/48 00 61 93, Fax 48 19 32 74, E-Mail: info@it-mediaservice.com
Paris: International Magazine Company, Tel. +331/53 64 88 91, Fax 45 00 25 81, E-Mail: imc@international.fr
Madrid: Alcála Media International Media Representation, Tel. +34 91/326 91 06, Fax -07, E-Mail: alcalamedia@retemail.es
Wien: Publimedia Internationale Verlagsvertretungen GmbH, Tel. +43 1/21530, Fax 2121602,
E-Mail: ppn-vienna@publicitas.com
New York: The Russell Group Ltd., Tel. +12 12/213 11-55, Fax -60, E-Mail: info@russellgroupltd.com

Die Premium Magazin Gruppe im Jahreszeiten Verlag

Gültige Anzeigenpreisliste: Nr. 37e
Das vorliegende Heft Dezember 2005 ist die 12. Nummer des 58. Jahrgangs. Diese Zeitschrift und die einzelnen Beiträge
und Abbildungen sind urheberrechtlich geschützt. Jede Verwertung außerhalb der engen Grenzen des Urheberrechtsgesetzes
bedarf der Zustimmung des Verlages. Keine Haftung für unverlangt eingesandte Manuskripte und Fotos. Preis im
Abonnement im Inland monatlich 6,37 € inklusive Zustellung frei Haus. Der Bezugspreis enthält 7 % Mehrwertsteuer.
Auslandspreise auf Nachfrage. Postgirokonto Hamburg 132 58 42 01 (BLZ 200 100 20)
Commerzbank AG, Hamburg, Konto-Nr. 611657800 (BLZ 200 400 00)
Führen in Lesemappen nur mit Genehmigung des Verlages. Printed in Germany

Weitere Titel im Jahreszeiten Verlag: Für Sie, petra, vital, PRINZ, A&W Architektur & Wohnen,
COUNTRY, DER FEINSCHMECKER, WEINGourmet, schöner reisen, ZUHAUSE WOHNEN, selber machen
Litho: Alphabeta Druckformdienst GmbH, Hamburg. Druck und Verarbeitung: heckel GmbH, Nürnberg, schlott Gruppe
ISBN: 3-7742-7012-0, ISSN 0026-0029 MERIAN (USPS No. 011-458) is published monthly. The subscription price for
the USA is $ 110 per annum. K.O.P.: German Language Publications, Inc., 153 South Dean Street, Englewood NJ 07631.
Periodicals postage is paid at Englewood NJ 07631, and at additional mailing offices. Postmaster: send address changes to:
MERIAN, German Language Publications, Inc. 153 South Dean Street, Englewood NJ 07631.

110 MERIAN www.merian.de

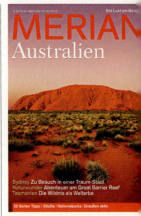

Der Uluru, bekannter als Ayers Rock, ist mythischer Berg der Ureinwohner und Welterbe

Bildnachweis
Anordnung im Layout: o=oben, u=unten
r=rechts, l=links, m=mitte.

Titel: Australian Scenics; S. 3 lo Michael Müller, lm Patrick Loertscher, rm Michael Silver/Photonet, ro, r privat; S. 4/5 Patrick Loertscher; S. 5 l Klein/Hubert, Bios, r Preben S. Kristensen; S. 6 ro,mo Boomerang Solutions/Tourism Victoria, rm H. Diller/Wildlife, ru Manfred Pfefferle/Okapia, u Oliver Bolch; S. 8 o John Gollings, l Chris Bell/Lonely Planet Images, m B.D.esign, rm Mitch Reardon/Lonely Planet Images, Voyages/Longitude 131°; S. 10 ro Rover Thomas/Warmun Art Centre, m Narputta Nangala/Ikuntji Women Centre, NT, aus Spirit Country/Jennifer Isaacs/Hardi Grant Books, u didgeridooland.de; S. 14/15 Patrick Loertscher, S. 16/17 Don Fuchs, S. 18/19 Gary Bell/oceanwideimages.com, S. 20/21 Klaus Dieter Franc S. 22 Suzanne & Nick Geary/Stone/Getty Images, S. Jordis Antonia Schlösser/Ostkreuz, S. 24/25 Patrick Loertscher, S. 26/27 Klaus Dieter Francke; S. 28 Hol, Leue, S. 30 l/r Frank Bergmann; S. 32/33 Guido Cozz Atlantide, S. 34/35 R. Ian Lloyd, S. 36 l Don Fuchs, r Antonina Gern, S. 36/37 Guido Cozzi/Atlantide, S. 38 Milan Horacek/Bilderberg, r Daniele Mattioli/Anzenberger, S. 38/39 Tina Hager/Focus, S. 40 Don Fuchs, S. 41 age fotostock; S. 42/43, 45 u, 48/49 Gary Bell/oceanwideimages.com, S. 44 John W. Banagan/Getty Images, S. 45 o Neil Emmerson/Getty Images, S. 46/47 Peter Hendrie/Getty Images, S. 50 Planet-observer com M-sat, S. 51 Marianne Hilgert/Okapia, S. 52 o, 55, 56 m, u, 58 u Marc Bielefeld, S. 52/53, 54/55, 56 o Steven Nowakowski, S. 58 o Hinchinbroo Island Resort/Island Ferries; S. 62 o, u, 64/65 o, u, 66 o, 67 o, mo, u Antonina Gern, S. 62/63, 65 u, 66 mu Rita Newman/Anzenberger, S. 68/69 mit freundliche Genehmigung von Great Southern Railway, S. 70/71 Patrick Loertscher, S. 70/71 u, 71 Jordis Antonia Schlösser/Ostkreuz, S. 72 R. Ian Lloyd, S. 72/73 o Holger Leue, u David Hancock/Anzenberger, S. 74/75 Patrick Loertscher, u Jordis Antonia Schlösser, S. 75, 76 David Hancock/Anzenberger, S. 76 u mit freundlicher Genehmigung von Great Southern Railway; S. 78/79 Harvie Allison/TCS, S. 79 Urs Bucher; S. 80 bis 83 Andrew Chapman; S. 84/85 Patrick Loertsche S. 86/87, 88/89, 91 Andrea Alborno, S. 87 o Clemens Emmler/Laif, u Marc-Oliver Schulz/Focus, S. 89 o/u Marc-Oliver Schulz/Focus, S. 90 Gregor Lengler; S. 9. großes Foto Frans Lanting, kleines Foto Pavel Germa S. 93 lo Klein & Hubert/Okapia, ro Klein & Hubert/Bios/Okapia, lm M. Harvey/Wildlife, m Cyril Ruoso/Bios/Okapia, lu Pavel German, ru Schweiger/Arendt/Okapia, S. 94 lu Robert Garvey/Corbis, ru Sam Abel/National Geographic Image Collection, mr Jean-Paul Ferrero/Auscape/Save, S. 94/95 David Doubilet, S. 95 o Jean-Paul Ferrero/Auscape/Save, rm Arco/NF Fotofinder, m, ru Pavel German, lm Oliver Bolch, lu M Harvey/Wildlife; S. 100 Tamara Dean/Fairfaxphotos; S. 102/103, 104/105 David Hancock/Anzenberger, S. 106 l Don Fuchs, S. 106 r, 107 l Jordis Antonia Schlösser/Ostkreuz, S. 107 r David Hancock/Anzenberger, S. 108 l Andrea Kenington, r Don Fuchs, S. 1 Bill Bachmann; S. 113 Patrick Loertscher, S. 114 S. Damm/Bildagentur Huber, S. 114/115 John Carnemolla/Australian Picture Library/Corbis, S. 116 Bialobrzeski/laif, S. 117 Patrick Loertscher, S. 118 R. Ian Lloyd, S. 118/119 Andrea Alborno, S. 120 Tourism Western Australia, S. 120/121 G.P. Reichelt/White Sta S. 122 o David Hancock/Anzenberger, u Penny Tweedie/Corbis, S. 124 Voyages/Cradle Mountain Lodge, S. 124/125 Patrick Loertscher, S. 126/127 Walter Schmitz, S. 128 l Karl Johaentges/Look, r J. Freund/Wildlife, S. 128/129 D. Parer & E. Parer-Cook/Auscape/Save/Okapia, S. 130 o Greg Elms/Lone Planet Images, u Mark A. Johnson/Corbis, S. 134 o Fairfaxphotos, u Nicole Emanuel/Fairfaxphotos; S. 138 o Guy Vanderelst/Getty Images, lm Hans Made Bilderberg, rm Kai Sawabe

Wenn Sie das nächste Mal nach
Australien oder Neuseeland reisen,
versuchen Sie etwas Neues.
Fangen Sie mit dem Flug an.

Fly Emirates. Keep discovering.

ettern Sie doch mal auf die Sydney Harbourbridge,
tt sie nur zu fotografieren.

tdecken Sie die faszinierenden Möglichkeiten Australiens und Neuseelands.
egen Sie mit Emirates auf einer der schnellsten Verbindungen nach Perth,
dney, Melbourne, Brisbane, Auckland und jetzt auch Christchurch. Der Emirates
bus A340-500 fliegt von Dubai aus sogar direkt nach Sydney und Melbourne.
irates bringt Sie hin. Täglich ab Frankfurt, Düsseldorf und München.

ww.emirates.de

Weitere Informationen in Ihrem Reisebüro oder bei Emirates unter Telefon 01805 425652 (0,12 Euro/Min.). Es gelten unsere allgemeinen Geschäftsbedingungen,
die Sie unter www.emirates.de einsehen können. Entdecken Sie auch unser Vielfliegerprogramm unter www.skywards.com

Ein Juwel der Kupferstichkunst

Matthaeus Merian · Topographia Germaniae

Die berühmten Merian-Stadtansichten! Mitten im Dreißigjährigen Krieg entstand das Hauptwerk des berühmten Kupferstechers Matthaeus Merian, die Topographia Germaniae. Dieses Werk zeigt Stadtansichten von Deutschland und ist bis heute das bedeutendste Werk der geographischen Illustration. Die ehemals 16 Bände der Originalausgabe aus den Jahren 1642 bis 1655 wurden für diese Ausgabe in acht Bände gefasst. Inhalt: Bayern und Franken, Böhmen und Sachsen, Brandenburg, Braunschweig, Niedersachsen und Westfalen, Köln und Hessen, Elsass und Schwaben, Rheinpfalz und Schweiz. Insgesamt enthalten die Bände mehr als 2.000 einzelne Ansichten, 92 Landkarten und beschreibende Texte. So konservierte Merian das Gesicht des Reiches vor dem Dreißigjährigen Krieg. 400 Seiten, 18,5 x 26 cm, gebunden, Fadenheftung (o.A. Sonderausgabe).

Bestellen Sie diese einmalige Gesamt-Edition (Bestell-Nr. 65 96 30) exklusiv für nur 199 Euro (zzgl. Versandkosten) unter Telefon 0180 / 5 24 53 53* oder unter www.rhenania-buchversand.de

(12 Cent pro Minute)

MERIAN REISE-SERVICE

Das riesige Gebiet der Kimberleys ist größer als Deutschland. Auf dem Mitchell Plateau im Norden wachsen Boabs, Flaschenbäume, die in ihren keulenförmigen Stämmen Wasser speichern

MERIAN Top Ten

Was Sie in Australien unbedingt sehen, erleben und unternehmen sollten

Alle Texte: Julica Jungehülsing
Stand: Oktober 2005
Die Planquadrate mit großen Lettern beziehen sich auf die große MERIAN-Karte auf S. 132, mit den kleinen auf die Sydney-Pläne auf S. 131 und 135

Für vier Wochen fliegen die meisten nach Australien – und merken bald: Vier Monate wären besser gewesen. Doch keine Panik – auch in zwei oder drei Wochen lässt sich ein Eindruck von den Landschaften und Eigenheiten des Kontinents bekommen. Wichtig sind Mut zur Lücke und die Einsicht, dass alles immer viel weiter voneinander entfernt ist, als man zu Hause dachte. Wer wenig Zeit hat, sollte sich auf Sydney und eine Region (z. B. das Outback oder den Westen) konzentrieren. Und noch mal wiederkommen.

1. Sydney Viermillionen-Stadt mit Buchten, Brücken und quirligem Citylife rund um den schönsten Hafen der Welt. Drei Tage sind für die heitere Großstadt am Pazifik Minimum. (H 6)
2. Kakadu National Park Der größte Nationalpark des Festlands: spektakuläre Aboriginal-Felszeichnungen, Wasserfälle und einzigartige Flora. (E 1)
3. Great Barrier Reef Das ausgedehnteste Barrierriff der Erde ist Australiens meistbesuchtes Naturwunder. Tipp: drei Tage Schnorcheln auf einer der Koralleninseln (z. B. Heron oder Lizard Island). (G 1-I 4)
4. Ningaloo Reef Kürzer als das Barrier Reef, aber dafür näher an der Küste. Tipp für die Freunde großer Fische: Zwischen März und Juni vor Exmouth mit den Walhaien schwimmen. (A 4)
5. Wet Tropics Die tropischen Regenwälder nördlich von Cairns mit ihrer bunten Vogel- und extrem artenreichen Pflanzenwelt sind ein Paradies für Naturbegeisterte, die allerdings keine Mücken fürchten dürfen. (H 2)
6. Kangaroo Island Kängurus, Koalas, Schnabeligel, Seelöwen und viel wild zerklüftete Einsamkeit südwestlich vor Adelaide. In den Leuchtturmwärterquartieren ist das Ende der Welt besonders romantisch. (F 6)
7. Uluru & Kata Tjuta Australiens berühmteste Felsen (früher Ayers Rock und The Olgas genannt) sind zwei Tage wert. Die MacDonnell Ranges bei Alice Springs sind weniger berühmt und weniger überlaufen, aber auch sehr beeindruckend. (D/E 4)
8. Cradle Mountain-Lake St Clair National Park Tasmanien Bergspitzen, die sich in blitzblanken Seen spiegeln, weite Blicke und, weil oft nur zu Fuß erreichbar, fast unberührte Natur. (D 7)
9. Kimberley Das schroffe Hochplateau im Norden Westaustraliens ist wild, von atemraubenden Schluchten durchzogen und bis heute wirklich einsam. Hier blühen von August bis Oktober tausende Wildblumen. (C 2)
10. Fraser Island Bis zu 220 Meter hohe, zum Teil wandernde Dünen, dazu subtropischer Regenwald und kristallklare Binnenseen – die größte Sandinsel der Erde gehört zum Unesco-Welterbe. (I 4)

www.merian.de MERIAN 113

INFO SYDNEY

MERIAN | STADTVIERTEL

Das asiatische Herz

Mitten in der sich ständig wandelnden Metropole Australiens ruht Chinatown

Das Tor nach Australien: DieLage am Wasser ist unübertrefflich für den Freizeitwert von vier Millionen Menschen

Die verzierten Tore der **Dixon Street Mall** markieren das offizielle Chinatown, das hier um die Jahrhundertwende etabliert wurde. Doch die Fußgängerzone zwischen den bunten Pforten ist nur ein kleiner Teil des asiatischen Geschäftszentrums im Herzen Sydneys – die umliegenden Straßen in der **Haymarket**-Gegend sind mindestens ebenso quirlig und oft interessanter. Ein Muss sind Kostproben der asiatischen Küche: Mehr als 60 Restaurants drängen sich in Chinatowns kleinen Straßen und überdachten Einkaufszentren. Zubereitet werden nicht nur traditionelle kantonesische Gerichte, sondern auch Spezialitäten aus Hongkong und dem Norden Chinas, aus Vietnam, Japan, Taiwan, Malaysia und Korea.

Am belebtesten sind die Gassen mit den verführerischen Gerüchen sonntags zum traditionellen „Yum Cha" – der australischen Version von Dim Sum. Dann lohnt es, im riesigen **Mariagold** Wartezeit in Kauf zu nehmen, ehe man sich in den unvergleichlich vielseitigen Häppchen-Varianten verliert: **Level 5, 683-689 George St, Lunch tgl. 10-15, Dinner 17.30-23 Uhr €€.** Einen Blick auf Straßenleben und Küche zugleich hat man im familiäreren **Mother Chu's**, wo vorzügliche taiwanesische Gerichte zubereitet werden: **Shop 1-4 Dixon St, tgl. 8.30-20.30 Uhr €.**

Auch wenn Essen eine wichtige Rolle spielt – es gibt in Chinatown mehr zu entdecken als nur Heißes aus dem Wok: Fremdartig duftende Heilkräuterläden, Akupunktur-Stuben, asiatische Supermärkte, Kleiderläden, Geschäfte mit Papierlampen und Deko-Objekten säumen die angrenzenden Straßen **Sussex, Hay, Little Hay** und **George Street** sowie die **Ultimo Road.** Schnäppchenjäger dürfen **Paddy's Market**, eine enorme Halle voller Stände mit Kleidung, Schuhen und Souvenirs nicht versäumen: **Hay St / Ecke Ultimo Road, Do-So 9-17 Uhr.** Der schönste Platz für eine Pause ist der Chinese Garden of Friendship am **Südrand von Darling Harbour, tgl. 9.30-17 Uhr, 6 A$,** den die chinesische Gemeinde der Stadt zur 200-Jahrfeier schenkte. Mit gewundenen Pfaden, die um Teiche mit Lotusblüten und über hölzerne Brücken führen, einem traditionellen Teehaus und romantischen Pavillons ist der Park ein harmonischer und ruhiger Platz in der City. Info: **www.chinatownsydney.com**

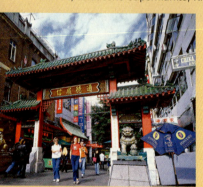

Chinatown nahe Darling Harbour: exotisch und immer geöffnet

AUSKUNFT

(c 2) Sydney Visitor Centre
Informationsbüro in historischem Gebäude im Viertel The Rocks: Broschüren, Stadtpläne, Bücher, Hilfe bei der Quartiersuche, Buchung von Ausflügen und Veranstaltungen.
106 George St., The Rocks
Tel. (02) 92 40 87 88
tgl. 9.30-17.30 Uhr
Filialen: am Fähranleger in Manly, Tel. (02) 99 77 10 88
Mo-Fr 9-17, Sa,So 10-16 Uhr
und hinter dem IMAX-Theater in Darling Harbour
Tel. (02) 92 40 87 88
tgl. 9.30-17.30 Uhr

ÜBER NACHT

(k 3) The Chelsea
Nicht sehr große, aber geschmackvoll eingerichtete Zimmer in drei viktorianischen Terrassenhäusern mit hübschem Innenhof. Ruhig, obgleich in der Nähe von Darlinghursts quirrliger Café-Meile und Kings Cross' Kneipen gelegen. Nur 20 Minuten zu Fuß in die Innenstadt oder per Bus an den Strand von Watsons Bay.
49 Womerah Ave., Darlinghurst
Tel. (02) 93 80 59 94
www.chelsea.citysearch.com.au
13 Zi. €€

(b/c 2) Australian Heritage Hotel
Zentral zwischen The Rocks und Brücke, authentisch und urig. Pub-Hotel mit teils antikem Mobiliar, vom Dachgarten Blick auf die Harbour Bridge. Bekannter ist das traditionsreiche Hotel für seine Pizza mit Emu, Känguru, Krokodil und die mehr als 80 australischen Biersorten. Die Zimmer sind trotz Kneipe relativ ruhig, dazu günstig und komfortabel.
100 Cumberland St
The Rocks, Tel. (02) 92 47 22 29
www.australianheritagehotel.com
10 Zi. €€

(l 3) Bondi Beachhouse YHA
Auf die Dachterrasse ist selbst die reiche Nachbarschaft neidisch: Viel Platz mit Panoramablick auf das Meer, dabei zwei von Sydneys schönsten Stränden gleich um die Ecke. Günstige Mehrbett-, sehr faire Preise für Familien- und Doppelzimmer. Gut geführte Herberge für Leute, die keine Hostels mögen.
Ecke Fletcher und Dellview St.
Bondi Beach
Tel. (02) 93 65 20 88
www.yha.com.au, *40 Zi.* €

(k 3) Medusa
Viel Design, viel Charme, gute Lage, aber nicht billig. Dafür wunderbar extravagant: italienische Lampen, Marmorkamine, warme Farben, Leder-Recamièren, CD-Player und alles in Rufweite von Darlinghursts Gourmet-Meile. Die „Grand rooms" im Altbau sind größer und pompöser. Nach Sondertarifen zu fragen lohnt sich!
267 Darlinghurst Road
Darlinghurst
Tel. (02) 93 31 10 00
www.medusa.com.au
18 Zi. €€€

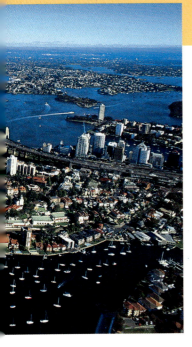

(c 6) Central Park
Mitten in der City – perfekt für Shopping und Sightseeing. Moderne Räume mit Kitchenette, gutes Preis-Leistungsverhältnis. Nach den ruhigeren Zimmern (Castlereagh St.) fragen!
185 Castlereagh St, Ecke Park St., City
Tel. (02) 92 83 50 00
www.centralpark.com.au
36 Zi., zweistöckiges Loft €€€

(i 4) Australia Street Guesthouse
Als lebe man in einer Hausgemeinschaft: Die freundlich unaufdringlichen Gastgeber könnten Freunde von Freunden sein, die Zimmer sind wohnlicher Retro-Stil der 60er, die Küche erinnert an WG-Zeiten, der Garten eine Oase. Frühstück macht man selbst oder probiert die Cafés der Nachbarschaft aus.
146 Australia St., Newtown
Tel. (02) 95 57 07 02, www.australia streetbnb.com.au, 2 Zi. €€

(k 3) Vibe Rushcutters
Modern und günstig zwischen Innenstadt und den Stränden im Süden gelegen. Mit Blick auf Yachten und Skyline vom Schwimmbad auf dem Dach, nette Frühstücksterrasse. Onlinebuchung oft preiswerter!
100 Bayswater Road, Rushcutters Bay
Tel. (02) 83 53 89 88
www.vibehotels.com.au
259 Zi. €€€

ESSEN

(i 3) The Boathouse on Blackwattle Bay
Nah am besten Fischmarkt der Südhalbkugel, nah am Wasser – kein Wunder, dass man hier in Sachen Fisch und Meeresfrüchte Wunder vollbringt. Wer Austern liebt, kann in dem traditionsreichen Fischlokal diverse Sorten in vielen Variationen kosten, sollte aber Platz lassen für Muscheln oder den delikaten Fisch des Tages. Elegant, dezent – eine Institution.
End of Ferry Road, Glebe
Tel. (02) 95 18 90 11
Di-So 12-15, 18.30-22.30 Uhr €€€

(k 3) Billy Kwong
Chinesische Küche der leichten und feinen Art: Kylie Kwong ist Fernsehprominenz, ihr Kochstil hat darunter nicht gelitten. Im kleinen Lokal sitzt man eng beieinander und genießt trotzdem. Keine Reservierungen, um den Block schlendern, in den Pub gehen und wieder kommen. Gute Auswahl für Vegetarier. Mitbringsel für Hobbyköche sind Kylie's signierte Kochbücher.
355 Crown St., Surry Hills
Tel. (02) 93 32 33 00
So-Do 18-22, Fr, Sa bis 23 Uhr €€

(k 3) Fish Face
Kleine vorzügliche Fischkarte. Der Koch ist Frische-Fanatiker, was man jeder seiner feinen Kreationen anmerkt: Blue Eye Cod oder Thunfisch mit Zucchini probieren! Nur sechs Tische.
132 Darlinghurst Road, Darlinghurst
Tel. (02) 93 32 48 03 €€

(b/c 4) The Summit & Orbit Bar
Drehrestaurants haben generell Skepsis verdient, auch dies ist kein Gourmet-Himmel, aber ordentlich. Die Aussicht ist ohnehin viel zu aufregend, um über kulinarische Petitessen zu nörgeln. Keinen Fehler macht, wer in der Bar an Mango Crush oder Cosmopolitan nippt und sich am Ausblick berauscht, bis die 105-minütige Drehung vollendet ist.
264 George St., City, Australia Square
Level 47, Tel. (02) 92 47 97 77
www.summitrestaurant.com.au
So-Fr 12-15, tgl. 18-22,
Orbit-Bar ab 17 Uhr €€€

(c 2) MCA Café
Von der Terrasse aus hat man Fähren, Brücke, Oper im Blick. Das Café im Museum of Contemporary Art ist ein guter Pausenplatz für ein leichtes Mittagsmenü oder einen gepflegten Kaffee zwischen Sightseeing und Museumsbesuch.
140 George St., The Rocks/City
Tel. (02) 92 41 42 53
tgl. 10-16 Uhr €€

(l 3) Icebergs Dining Room & Bar
Verwöhn-Adresse für besondere Anlässe über der Brandung von Bondi

---

Neues vom Alter 1

Montagstaten statt Sonntagsreden.

Es gibt zwei Arten von Menschen: Die einen reden und reden und reden. Die anderen machen einfach etwas.

Die einen kann man oft im Fernsehen auf weichen Sesseln bewundern. Die anderen müssen manchmal mit weniger komfortablen Sitzgelegenheiten vorlieb nehmen – mit den Sitzen der Berliner S-Bahn zum Beispiel. Dort kann man auch Frau Wagner antreffen, wenn sie auf dem Weg zu ihren Schützlingen ist.

Frau Wagner kümmert sich um ältere Menschen. Was vielleicht nichts Besonderes wäre, wenn sie nicht selbst schon 86 Jahre alt wäre. Aber durch ihre Arbeit lässt Frau Wagner so manchen Jüngeren alt aussehen.

Begonnen hat alles vor 22 Jahren kurz nach ihrer Pensionierung. Sie wollte, so erzählt sie, etwas von dem Glück weitergeben, das sie selbst in ihrem Leben gehabt habe.

Ihre „Karriere" als ehrenamtliche Seniorenbetreuerin startete sie als Reisebegleiterin. Daneben leitete sie verschiedene Seniorenkurse, Gedächtnistraining für Demenzkranke zum Beispiel. Außerdem wurde sie in der Seniorenvertretung aktiv und kümmerte sich um drei allein stehende Damen. Für ihr Engagement wurde sie schon mehrfach ausgezeichnet. Aber wichtiger als der Dank der Bundesrepublik Deutschland ist ihr das Lächeln ihrer Schützlinge.

Auch als sie selbst mit 77 Jahren ins Augustinum Kleinmachnow bei Berlin zog, blieb sie ihrem Engagement treu. Denn von da an hatte sie noch mehr Zeit, sich um andere zu kümmern, da sie selbst von Problemen des Alltags entlastet war. Wobei sich Frau Wagner gerne auch einfach mal mit ihren Bekannten aus dem Augustinum zu einem kleinen Plausch trifft. Nicht zu lange natürlich. Denn Frau Wagner hat noch viel vor. Zum Beispiel Kurse an der Volkshochschule besuchen. Aber das ist eine andere Geschichte.

Informieren Sie sich jetzt direkt über Ihre Zukunft im Alter: 21-mal in Deutschland: Tel. 08 00/2 21 23 45 oder im internet unter www.augustinum-wohnstifte.de

Selbstbestimmt leben. Gut betreut wohnen.

Augustinum Φ

INFO SYDNEY

Icebergs Winter Swimming

Wer am ersten Sonntagmorgen im Mai am Südende von Bondi Beach spazieren geht, wird Zeuge eines Spektakels: Menschen aller Altersgruppen springen freiwillig und gut gelaunt mit Eisblöcken in den Händen in einen Meerwasserpool! Das Ritual ist Saisonauftakt des Iceberg's Winter Swimming – einer Tradition, die 1929 eine Gruppe Lebensretter begründete, um während der Wintermonate fit zu bleiben. Inzwischen versammeln sich zu dem coolen Spaß allsonntags um 9.45 Uhr zwischen Mai und September mehr als 350 Männer (seit 1994 auch Frauen) – Eisblöcke allerdings werden nach dem ersten Maisonntag nicht mehr mitgebracht, muss auch nicht: Die Wassertemperatur sinkt in Sydney im Juli, August oft auf 15 Grad. Wer fünf Jahre durchhält, wird „echter Eisberg" und muss nicht mehr schwimmen, um gegen Minimalgebühr Sauna, Pool, Sonnenterrassen, Bars nutzen zu dürfen. Ortsfremde Besucher sind in Iceberg's Clublokal im Obergeschoss – der Bar mit bestem Blick und Balkon! – willkommen. Sie dürfen vorher die Temperatur testen, selbst ein paar Bahnen ziehen. Achtung: Der Eingang zum preiswerten Schwimmclub-Lokal ist gleich neben dem – empfehlenswerten, doch teureren Restaurant!

(I 3) Iceberg's Dining Room & Bar
1 Notts Ave., Bondi Beach
tgl. außer Do 6-19, Sa, So 6.30-18.30 Uhr, 4 A$

Preiskategorien

Preiskategorien Restaurants (ein Hauptgericht):
€ bis 10 €, €€ 10-15 €
€€€ mehr als 15 €
Preiskategorien Hotels (Doppelzimmer):
€ unter 50 €, €€ 50-100 €
€€€ 100-150 €
€€€€ über 150 €

Beach. Kerzenleuchter, angenehm dezente Coolness und der Blick über die Bucht machen den Dining Room zu einem der schönsten Restaurants der Stadt – aufmerksames Personal und vorzügliche italienisch-mediterrane Küche auch zu einem der besten. Sehr gute Weinkarte. Rechtzeitig reservieren! Ist das Restaurant ausgebucht, lohnt auch die Bar (kleines Bar-Menü).
1 Notts Ave., Bondi Beach
Tel. (02) 93 65 90 00
www.idrb.com
Di-So 12-24 Uhr €€€

(I 3) Raw Bar
Unprätentiöses, kleines Lokal in North Bondi mit guten japanischen Häppchen. Meeresblick vom Fußweg oder durch die raumhohen Fenster. Viele Einheimische kommen zum Lunch. Abends die „Bento Dinner Box" probieren!
136 Warners/Ecke Wairoa Ave. Bondi Beach
Tel. (02) 93 65 72 00
tgl. 12-22.30 Uhr €€

(f 6) Hugo's Bar Pizza
Obgleich gut gekocht wird, ist Essen hier nicht die Hauptsache: Sydneys In-Volk beim Abendritual „Balz und Klatsch" – sehen, gesehen werden und zwischendurch an einer der delikaten Pizzen knabbern. Auch die Salbeiravioli mit Kastanien sind gut. Keine Reservierungen, Warten ist Teil der Show!
19 Bayswater Road, Kings Cross, Tel. (02) 93 32 12 27
tgl. 17-2 Uhr €€

(k 3) Eat Thai
Gute Curries und Frisches aus dem Wok zu fairen Preisen. Angenehm, unkompliziert, gut gelegen an der lebendigen Five-Ways-Kreuzung, viel Platz und netter Service.
229 Glenmore Road Paddington, Tel. (02) 93 61 66 40
tgl 18-22.30, Mi-So 12-15, Sa-So 9-13 Uhr €

ENTDECKEN UND LERNEN

(c 2) The Rocks Walking Tour
Sydneys ältestes Viertel hat viele versteckte Gassen und historische Gebäude, die Ortsfremde leicht übersehen. Die Rundgänge, gewürzt mit Anekdoten der „Walking-Tours"-Führer sind lehrreich und kurzweilig, vor allem, wenn man nicht viel Zeit für jedes Viertel hat.
23 Playfair St, Rocks Square
Tel. (02) 92 47 66 78
tgl. Führungen, 19 A$

Sydney Architecture Walks
Architekten führen zu vier Schwerpunkten: City, Oper & Utzon, Hafen & Werften, Kunst & Plätze. Start der an Insider-Wissen reichen Touren am Museum of Sydney, Dauer 2 Std.
Tel. (02) 82 39 22 11, www.sydneyarchitecture.org, 20 A$

(d/e 3/4) Royal Botanic Garden Tours
Schöne Einstimmung in die Flora Australiens im bestgelegenen botanischen Garten des Kontinents, tgl. Gratis-Führungen um 10.30, März-Nov., Mo-Fr auch 13 Uhr ab Visitor Information Nähe Palm Grove.
Tel. (02) 92 31 81 34
20 A$, tgl. 7 Uhr bis Dämmerung
Mrs Macquarie Road, City
Tel. (02) 92 31 81 25
www.rbgsyd.nsw.gov.au

(k 2) Taronga Zoo
Känguru mit Garantie! Außerdem: Wombats, Koalas, Schnabeltiere oder Tiere von vielen anderen Kontinenten. 2006 soll der 40 Millionen-Dollar-teure „Asian Elephant Rainforest" fertig sein. Dennoch: Taronga heißt so viel wie „schöner Hafenblick" – und den genießen Besucher wie Bewohner des Zoos auf den Klippen.
Bradley's Head Road, Mosman
Tel. (02) 99 69 27 77
www.zoo.nsw.gov.au
tgl. 9-17 Uhr, 25 A$, „ZooPass" (Fähre & Eintritt) 31,70 A$

Stadt-Erkundung
Die günstigste Entdeckungstour durch ganz Sydney heißt „Day Tripper" und gilt 24 Stunden auf allen Fähren, in allen Bussen und Bahnen (Ausnahme: „Explorer"-Busse, JetCat, Airport-Express).
Tageskarte 15 A$, erhältlich in Bussen, Fähren und im Ferry Ticket Office Circular Quay.
Sydney Transport, Tel. 13 15 00
www.131500.com.au
Explorer Busse, die in rot (City) oder blau (Beach) durch Sydney fahren, sind vergleichsweise teuer und Besuchern zu empfehlen, die wenig Zeit haben.

DEN HAFEN ERSEGELN

Edel
Ein Wochenende auf einer Luxus-Yacht zwischen Opernhaus und Watsons Bay inklusive Landgänge, Drinks, Menüs. Außerdem Sonnenuntergangs- oder Vormittagstouren.
(k 3) Eastsail, Rushcutters Bay
Tel (02) 93 27 11 66
www.eastsail.com.au
Wochenende für bis zu 6 Pers. ab 1085 A$

Sportlich
Im Hobie-Katamaran oder auf einem Laser die Pinne halten, durch Rose Bay kreuzen, Shark Island umrunden und vom

Glänzend: Blick von der Opernterrasse auf den Central Business District

Wasser aus Blicke in die Gärten der Residenzen von Sydney's Upper Class werfen.
Rose Bay Aquatic Hire
Vickery Ave, (I 3) Rose Bay
Tel. (02) 93 71 70 36
ab 35 A$ pro Stunde

Atemraubend
Rasant durch den schönsten Hafen der Welt: Den Passagieren der „Spirit", einer 75 Fuß langen America's Cup-Renn-Yacht, bleibt bei starkem Wind auf den dreistündigen Törns schon mal die Luft weg.
Kookaburra Challenge
Tel. (02) 96 60 91 33
www.kookaburragroup.com.au/site/trips, *nur Fr, Sa, 93,50 A$*

AUSBLICKE

(c 5) Sydney Tower
Eines der höchsten zugänglichen Gebäude, das an klaren Tagen beeindruckende Ausblicke über mehr als nur die Stadt bietet. Sportliche rennen einmal im Jahr die 1504 Stufen um die Wette hoch, alle anderen nehmen den Lift. Neu: Der Skywalk-Freiluft-Gang in 268 m Höhe für ca. 110 A$.
Centrepoint Podium Level
100 Market St.
Tel. (02) 92 23 13 41
www.sydneyskytour.com.au
So-Fr 9-22.30, Sa 9-23.30 Uhr, 22 A$

Rundflug für Eilige
Leute mit wenig Zeit buchen den „Sydney Harbour Quickie", einen 10-Minuten-Rundflug, und haben dann alles gesehen. Auch im Angebot: längere Rundflüge, Trips zu einsamen Stränden, nach Palm Beach. Für Romantiker: Zum Lunch nach Cottage Point im Kuringgai Chase National Park jetten.
(I 3) Seaplane Safaris, Lyne Park
Rose Bay, Tel. (02) 93 71 35 77
www.seaplanesafaris.com.au
ab 110 A$

(b 2) Observatory Hill
Der Hügel ist der beste Platz für Romantiker und Fotografen beim Sonnenuntergang: Im Pavillon, auf Parkbänken oder dem Rasen sitzen, die Brückenstreben, Fähren und Nord Sydney bewundern, ausspannen oder den Auslöser bedienen.

Watson Road / Upper Ford St. Millers Point, *tgl. 24 Std.*

Harbour Bridge und Opernhaus
Schwindelfreie, die 160 A$ ausgeben wollen, schreiten als „Bridge-Climber" am Karabiner ins Eisen gehakt über die Bögen. Aber man kann auch umsonst und ohne Astronautendress über die Brücke gehen: Via Bridge Stairs zum Bürgersteig und von dort aus das Bauwerk erwandern, wie es 1932 Hunderttausende bei der Eröffnung taten. Nicht ganz so hoch, aber ebenso schön und lehrreicher ist der Blick von Pylon-Lookout über den Bau des liebevoll „coathanger" (Kleiderbügel) genannten Wahrzeichens Sydneys. Aus allen drei Perspektiven bieten sich Blicke hinüber auf die weißen Flügel der Oper.
(c 1) Harbour Bridge Pylon Lookout, Aufgang: Bridge Stairs, Cumberland St.
Tel. (02) 92 40 11 00
www.pylonlookout.com.au
tgl. 10-17 Uhr, 8,50 A$
(b/c 2) Sydney Harbour Bridge Climb, 5, Cumberland St.
The Rocks, Tel. (02) 82 74 77 77
www.bridgeclimb.com
ab 160 A$

AUSFLÜGE

(h/i 1) Hawkesbury River
Eine Stunde nördlich von Sydney, doch eine völlig andere Welt: dicht bewaldete Hügel, Holzhäuser, Austernfarmen und mittendrin eine mäandernde Flusslandschaft mit Buchten, Inseln und Wasserschneisen. Und all das ohne Auto: Ab Central mit der „Northern Line" S-Bahn in den Fischerort Brooklyn. Von dort zu Fuß durch die Natur, per Fähre nach Dangar Island zum Wandern oder mit Australiens letztem Fluss-Postboten den breiten Wasserweg auf und ab (ca. 3 Stunden.).
Tel. (02) 99 85 75 66
Mo-Fr ab 9.30 Uhr, 38 A$
Tipp: am Anleger Fish & Chips, frische Austern kaufen.
Info: Visitor Information
5 Bridge St., Brooklyn
Tel. (02) 99 85 70 64
Unterkünfte unter
www.hawkesburyweb.com.au

MERIAN | AUSFLUGSGEBIET VOR DER HAUSTÜR

Unterwegs im Gebirge
Die Blue Mountains – Welterbe der Unesco

Geländeradeln, per Seil durch Wasserfälle oder Schluchten hangeln, in Höhlen klettern, Reiten, Kanu fahren, Wandern, gut essen und Ausblicke, Fauna und Landschaft genießen: In den Blue Mountains westlich von Sydney lassen sich Hobbys jeden Spannungslevels ausleben. Ihren Namen verdanken die blauen Berge den verdunstenden Ölen der Eukalyptusbäume, von denen es mehr als 100 Arten in der Region gibt. Und eigentlich sind „the Mountains", wie Sydneysider sagen, weniger Berge als ein von Schluchten zerklüftetes Hochplateau. Dramatik der schroff schönen Landschaft, Artenvielfalt und Größe machen die Region für mehr als eine Tagestour lohnenswert (Anfahrt ca 1,5 Std. per Auto oder Bahn ab Central). Die Auswahl der Quartiere ist verlockend: Wer wenig Geld hat, schläft in Australiens bester Jugendherberge **Blue Mountains YHA, 207 Katoomba St,**
Tel. (02) 47 82 14 16, www.yha.com.au
Romantiker buchen ein Himmelbett im **Kurrara Guesthouse, 17 Coomonderra St, Katoomba** Tel. (02) 47 82 60 58 www.bluemts. au/kurrara oder lassen sich in luxuriösen Designhotels wie dem **Echoes** in Katoomba verwöhnen: 3 Lilianfels Ave., Katoomba,
Tel. (02) 47 82 19 66, http://echoeshotel.com.au
Für Besucher, die länger bleiben wollen, bieten sich Selbstversorger-Cottages (100-1000 A$) an, die es in kleineren Orten wie Leura, Wentworth Falls, Blackheath gibt. Online-Guide für Unterkünfte:
www.bluemountainsonline.com.au
Erste Anlaufstelle für Individualreisende ist das Visitor Information Centre am Aussichtspunkt Echo Point in Katoomba, tgl. 9-17 Uhr, www.bluemountainstourism. org.au Ebenso informativ ist das Blue Mountains Heritage Centre in Blackheath **Govetts Leap Road nahe Lookout,** tgl. 9-16.30 Uhr, Tel. (02) 47 87 88 77, wo es außer Wanderkarten und Broschüren hilfsbereite Mitarbeiter gibt und Ranger Wanderungen anbieten. Wer nur einen Tag Zeit hat, sollte z. B. die Halb-, Tagestouren per Auto oder zu Fuß buchen bei **Tread Lightly Eco Tours,**
Tel. (02) 47 88 12 29, www.treadlightly.com.au

Bizarre Formationen: The Three Sisters bei Katoomba

www.merian.de **MERIAN 117**

INFO MELBOURNE

MERIAN | STRASSEN DER MODEN UND GENÜSSE

Exotische Ecken entdecken

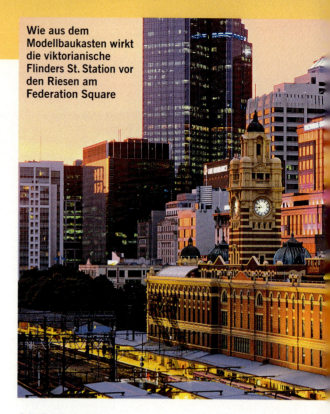

Wie aus dem Modellbaukasten wirkt die viktorianische Flinders St. Station vor den Riesen am Federation Square

Jedes Viertel Melbournes hat seinen eigenen Stil, eine andere Stimmung – Straße für Straße muss man erkunden.
Brunswick St, Fitzroy: Bunt, schräg, jung
Die Meile ist ein quirliger Mix aus Secondhandshops, Boutiquen, Restaurants, in denen japanisch, afrikanisch oder nur Pizza gegessen wird. In Cafés sitzen Anzugträger neben gepiercten Girls. Es gibt noch Designgeschäfte, deren Möbel und Lampen in Werkstätten entstehen (Wilkins & Kent, 230 Brunswick St) und Plattenläden, die Vinyl-Scheiben verkaufen. Reizvoll ist die Brunswick St. jenseits der Kreuzung zur Johnston St mit Tapas-Bars in Melbournes kleiner spanischen Gemeinde. Anfahrt: Tram 112 ab Collins/Swanston St oder 86 ab Bourke St.
Bridge Rd, Richmond: Schnäppchen at it's best
Die Fabrik-Outlets diverser Modelabel und Designerläden machen die Gegend gefährlich für die 20-Kilo-Gepäckgrenze. Anfahrt: Tram 48 oder 75 ab Federation Square.
Lygon St, Carlton: Little Italy
Hierher sollte pilgern, wer dankbar ist, dass die Italiener in den 50er Jahren die erste Espressomaschine in Australien anschlossen. Bis heute reihen sich fast ausschließlich italienische Cafés und Trattorien aneinander. Klassiker: Universita, 257 Lygon St, Tel. (03)93 47 21 42, tgl. 7-24 Uhr, Anfahrt: Tram 1 und 22 ab Swanston St.
Little Bourke St, City: Chinatown
Viele Gebäude, in denen Feng-Shui-Berater, Asia-Supermärkte oder Restaurants untergebracht sind, erinnern an die erste chinesische Einwanderungswelle. Interessant ist der Abschnitt zwischen Spring und Swanston St. Am lebendigsten sind Little Bourke und die Nebenstraßen an Sonntagvormittagen, wenn die Lokale Treff fürs traditionelle Yum-Cha-Essen sind.
Victoria St, Richmond: Klein Saigon
Besonders zwischen Hoddle und Church St haben sich viele Imbisse, Bäckereien, Fischbratereien, kleine Gemüseläden etabliert. Die Tische sind zwar nicht weiß eingedeckt, dafür aber die Menüs original und sehr günstig. Anfahrt: Tram 109 ab Bourke St.

Pause im Süden Melbournes: Royal Botanic Gardens

AUSKUNFT

Das Touristenbüro (mehrsprachig) bietet Internetzugang und hilft bei Tour- und Veranstaltungsbuchungen. Ambassadors (mobile Mitarbeiter in roten Uniformen) helfen zudem an vielen Stellen im Stadtzentrum mit Infos und Tipps (Mo-Sa, 10-16 Uhr). Der Melbourne Greeter Service vermittelt gratis einheimische (auch deutschsprachige) Führer, die Besucher auf Orientierungsgänge durch die City mitnehmen. Buchung drei Tage im Voraus.
Tel. (03) 96 58 96 81
Visitor Centre, Federation Square, Flinders/Ecke St. Kilda Road, Tel. (03) 96 58 96 58
tgl. 9-18 Uhr

ÜBER NACHT

Robinsons in the City
Winziges, originelles Hotel in einem der ersten Backhäuser der Stadt. Ein Ofen von 1850 ziert den Frühstücksraum, die Zimmer sind mit Liebe zu exklusiven Details eingerichtet.
405 Spencer St (Ecke Batman St)
Tel. (03) 9329-2552
www.robinsonsinthecity.com.au
6 Zi. €€€

The Hatton
Designhotel in einem alten Stadthaus, elegant, aber mit entspannter Atmosphäre nur ein paar Schritte vom Botanischen Garten entfernt. Dachterrasse mit Skyline-Blick. Nettes Frühstückscafé (abends Bar) mit Veranda unter Arkaden.
65 Park St, South Yarra
Tel. (03) 98 68 48 00
www.hatton.com.au
20 Zi. €€€

Tolarno Hotel
Boheme-Flair in Pink und Orange mit viel Kunst und Retro-Möbeln der 50er Jahre; Melbournes Chelsea-Variante inmitten des Café- und Strandviertels St. Kilda, beliebte Bistrobar. Zimmer unterschiedlicher Größe, Suiten für vier Personen mit Küche. Balkonzimmer mit Blick aufs Straßentreiben – dort ist's etwas lauter.
42 Fitzroy St, St Kilda
Tel (03) 95 37 02 00
www.hoteltolarno.com.au
35 Zi. €€

The Nunnery
Ehemaliges Kloster gegenüber dem Melbourne Museum und nah zum quirligen Fitzroy mit drei Quartiervarianten: Budget in (sehr geräumigen) Mehrbettzimmern, B&B-Stil in historischem Gästehaus oder privates Ambiente im Stadthaustrakt. Marmor-Kamine, hohe Decken und Holzfußböden, hübscher Innenhof. Die Badezimmer, von denen es genügend gibt, sind jeweils für mehrere Räume bestimmt.
116 Nicholson St, Fitzroy

Tel. (03) 94 19 86 37
www.nunnery.com.au
12 Zi. plus Hostel €€

ESSEN

Livebait
Fisch, Garnelen und frische Muscheln mit mediterraner Note. Der Blick durch die raumhohen Glasfenster im zweiten Stock des Neubaus auf dem Dockland-Anleger ist abgehoben, die Tapas sind bodenständig und köstlich.
55 b New Quay Promenade Docklands, Tel. 03 96 42 15 00
tgl. 12-15, 18-23 Uhr €€€

The Supper Inn
China-Restaurant mit Plastiktischdecken und seit fast 30 Jahren unverändertem Dekor mit kantonesischer Küche. Zur Rush-hour wird auf der Treppe angestanden, doch The Supper Inn ist auch eine Institution für den späten Hunger.
15 Celestial Ave, 1st floor, City
Tel. (03) 96 63 47 59
tgl. 17.30-2.30 Uhr €

Stokehouse
Gourmet-Paradies mit raffinierter, modern-australischer Küche und Meerblick auf der ersten Etage, Pizza und Pub-Gerichte im Erdgeschoss und auf der Terrasse in lässiger Atmosphäre. St. Kilda-Klassiker.
30 Jacka Blvd, St Kilda
Tel. (03) 95 25 55 55

tgl. 12-15, 18-22 Uhr
Terrasse €€€, Erdgeschoss €€

The Botanical
Weinladen, Frühstückscafé und Gourmet-Bistro zugleich und auch so trendbewusst und gestylt wie seine Umgebung im schicken South Yarra. An Wochenendvormittagen der richtige Ort zum Sehen und Gesehen werden am Botanischen Garten.
169 Domain Road South Yarra
Tel. (03) 98 20 78 88
tgl. 8-23 Uhr €€€

Pellegrini's Espresso Bar
Hier erfuhr Melbourne vor über 40 Jahren, wie Espresso schmeckt. Der Retro-Stil ist nicht nachgemacht, die Pasta günstig und solide.
66 Bourke St, City
Tel. (03) 96 62 18 85
Mo-Sa 8-23.30, So 12-20 Uhr €

SEHENSWERT

Melbourne Museum
Seit Eröffnung im Jahr 2000 das angeblich größte Museum der südlichen Hemisphäre, auf jeden Fall aber das spannendste. Multimediale Kultur, Geschichte der Aborigines, Naturkunde. Zu den Attraktionen gehört ein echter Regenwald.
11 Nicholson St/Carlton Gardens, Tel. (03) 83 41 77 77
http://melbourne.museum.vic.gov.au, tgl. 10-17 Uhr, 6 A$, Kinder gratis

City Circle Tram
Kräfteschonender Service für Stadtentdecker: Die historische Straßenbahn umrundet die Innenstadt und hält an vielen interessanten Plätzen und Gebäuden. Stopps in Flinders, La Trobe, Spring Street und Harbour Esplanade.
tgl. 10-18 Uhr alle 10 Min., gratis

Queen Victoria Market
Seit 1878 am selben Fleck und nicht nur deshalb eine Institution. Mehr als 1000 Händler verkaufen vor allem kulinarische Spezialitäten und günstige Kleidung, Taschen, Souvenirs etc. Besonders schöne Stände findet man in der Dairy-Hall.

Im Sommer mittwochabends Gaslaternenmarkt.
513 Elizabeth St, City
Tel. (03) 93 20 58 22
Di u. Do 6-12, Fr 6-18, Sa 6-15, So 9-16 Uhr

Observation Deck
Schön für Schwindelfreie: 360°-Blick über die Stadt aus dem 55. Stock des Rialto-Towers! Wer frische Luft braucht, wagt sich auf den Balkon. Romantisch: Sonnenuntergangsdrinks im „Café 55".
525 Collins St, City
Tel. (03) 96 29 82 22
www.melbournedeck.com.au
tgl. ab 10 Uhr, 13,50 A$

Immigration Museum
200 Jahre Geschichte der Einwanderung in einem restaurierten Palast aus dem 19. Jh. Interaktive, aber auch nostalgische Exponate wie die engen Pritschen eines Schiffes vermitteln ein Gefühl für die Strapazen der ersten Siedler.
Old Customs House, 400 Flinders St, Tel. (03) 99 27 27 00
www.immigration.museum.vic.gov.au, tgl. 10-17 Uhr, 6 A$

AUSFLÜGE

(G 7) Bendigo, Ballarat & Macedon Ranges
1852 gruben sich 20 000 Männer durch die Goldfelder von Ballarat. Heute sind die einstigen Goldgräberstädte westlich von Melbourne mit historischen Bauten, Galerien, Shops und Restaurants eine lohnenswerte Tages- oder Mehrtagestour ab Melbourne. Außer Ballarat ist Bendigo 120 km weiter nördlich sehenswert (Kunstgalerien) hier, in Ballarat und in vielen Orten in den Macedon Ranges rundum. Der Bendigo Gold Trail führt zu den dekorativsten viktorianischen Gebäuden. Her Majesty's Theatre in Ballarat ist eines der prächtigen historischen Theatergebäude des Landes. Ein gutes Hotel ist das Lake House mit Spa und Restaurant (King Street, Daylesford)
Tel. (03) 53 48 33 29
www.lakehouse.com.au
Infos: Ballarat Visitor Centre
39 Sturt Street, Ballarat
Tel. (03) 53 20 57 41
www.visitgoldfields.com.au

MERIAN | TIPP

Geheimnisvoller Trip
Fiona Sweetmans „Hidden Secrets"-Touren bieten den Blick auf architektonische Besonderheiten und Trips zu geheimnisvollen Gassen und Geschäften. Für max. 8 Personen und zu Fuß. Neu: Designtouren (erster Freitag im Monat, 15 Uhr).
Hidden Secrets Tours
Tel. (03) 93 29 96 65
www.hiddensecretstours.com
tgl., 70 A$ pro Person

INFO PERTH & FREMANTLE

MERIAN | WOCHENENDAUSFLUG

Zu den Weingütern
Das Swan Valley liegt nah und ist eines der besten Anbaugebiete Australiens

Nur eine halbe Stunde vom Zentrum von Perth entfernt, aber eine völlig andere Welt: Der kleine Ort Guildford entstand ab 1829 als eine der ersten Siedlungen von Perth am Swan River. Heute ist er dank gut erhaltener, historischer Gebäude wie dem stattlichen, zweistöckigen Woodbridge House, Ford St., Tel. (08) 92 74 24 32, Besichtigung Do-Di 13-16 Uhr, kleiner Kirchen, charmanter Läden, Antikshops und Cafés ein beliebter Stopp auf dem Weg ins Weingebiet Swan Valley. Einen Eindruck von der Entstehung des Ortes bekommt man auf den 20- bis 60-minütigen Heritage-Trails. Die Rundgänge beginnen und enden am Old Guildford Courthouse von 1866, in dem auch das Swan Valley Visitor Centre untergebracht ist: Meadow/Ecke Swan St., Tel. (08) 93 79 94 00 www.swanvalley.com.au, tgl. 9-16 Uhr.
Um während einer Rast ein frisches Bier zu genießen, führt kein Weg am Rose and Crown Hotel, 105 Swan St., Tel. (08) 92 79 84 44, 31 Gästezimmer vorbei, das von sich behauptet, Westaustraliens ältester Pub zu sein.
Ansonsten aber geht es im Swan Valley, dem ältesten Weinbaugebiet Westaustraliens – natürlich eher um den Wein. Mehr als 30 Weingüter produzieren in dem heißen, trockenen Klima auf beiden Seiten des Flusses eine Vielzahl von Sorten: Chardonnay, Verdelho,

Mit der Kutsche auf Probier-Tour zu den Winzern im Swan Valley

Shiraz und Zinfandel gedeihen neben vielen anderen in der Region. Besucher können die Kreszenzen in diversen „cellar doors" (Probierstuben) der Winzer kosten und kaufen. Im Visitor Centre gibt es einen kostenlosen Führer mit Karte und Öffnungszeiten der Weingüter. Ein schöner Platz für eine Rast ist das mehr als 160 Jahre alte Weingut Houghton Winery, Houghton Wines, Dale Road, Middle Swan, Tel. (08) 92 74 95 40, www.houghtonwines.com.au, tgl. 10-17 Uhr. Im Park des Anwesens kann man picknicken und dazu den berühmtesten Weißen Burgunder des Landes probieren. Guildford ist von Perth aus bequem mit der Bahn zu erreichen (Midland Line ab Central), für Weinproben und Erkundungen im Swan Valley empfiehlt sich jedoch entweder ein eigener Wagen oder eine geführte Tour zum Beispiel mit den Tagestrips des Touristikveranstalters Westbound, Tel. (08) 93 97 17 18, www.westboundaustralia.com

AUSKUNFT
Die Touristenbüros in Perth und Fremantle helfen bei Quartiersuche, Tourenplanung und geben gute Tipps zu Veranstaltungen in der Region.
Western Australian Visitor Centre
Forrest Place/Ecke Wellington St., Perth, Tel. (08) 94 83 11 11
www.westernaustralia.com
Mo-Do 8.30-18, Fr 8.30-19, Sa 8.30-12.30 Uhr
Fremantle Visitor Centre, Town Hall, Kings Square, Fremantle
Tel. (08) 94 31 78 78, www.fremantlewesternaustralia.com
Mo-Fr 9-17, Sa 10-15, So 11.30-14.30 Uhr

ÜBER NACHT

Pension of Perth
Bed & Breakfast luxuriös: romantische Zimmer mit schönen Bädern in historischem Giebelhaus gegenüber dem Hyde Park. Antiquitäten, viel Charme und Verwöhnatmosphäre. Erstklassiges Frühstück auf der hübschen Veranda.
3 Throssell St., Perth
Tel. (08) 92 28 90 49
www.pensionperth.com.au
7 Zi. €€€

Rosie O'Grady's Fremantle
Kein Ort für frühen Schlaf (Live Bands bis Mitternacht), dafür ist die Herberge günstig, zentral gelegen und originell. Die Zimmer über dem historischen irischen Pub mitten in Fremantle sind geräumig und luftig.
23 William St., Fremantle
Tel. (08) 93 35 16 45
www.rosieogradys.com.au
17 Zi. €€

Medina Grand Apartments
Moderne Apartments mit ein bis zwei Schlafzimmern, perfekt ausgestatteter Küche, Wohnraum und technischen Finessen, Pool, Sauna und Fitnessraum. Zentrale Lage. Ein weiteres Medina Grand Apartment eröffnet 2006 im Barrack Viertel.
Medina Grand
33 Mounts Bay Road, Perth
Tel. (08) 92 17 80 00
www.medinaapartments.com.au
(Buchung online oft günstiger)
138 Zi. €€€

Zentral und postkolonial: die B

Riverview on Mount Street
Angenehme, günstige Selbstversorger-Studios mit kleinen Küchen in der Nähe des King's Park. Es lohnt, für zehn Dollar Aufpreis die größeren Zimmer mit Blick ins Grüne zu buchen.
42, Mount St., Perth
Tel. (08) 93 21 89 63
www.riverview.au.com
50 Zi. €€

ESSEN

The Blue Duck
Institution im Strandvorort Cottesloe: Frühstück, frischer Fisch oder Snacks zwischendurch direkt über dem Meer auf den Klippen. Köstlich: der Salat mit knuspriger Ente. Zur Sonnenuntergangszeit romantisch.
151, Marine Parade, Cottesloe
Tel. (08) 93 85 24 99
www.blueduck.com.au
Mo-Fr ab 6, Sa/So ab 7 Uhr bis spät €€€

Subiaco Hotel
Kenner sagen, das „Subi" serviere die beste Pub-Food ganz Westaustraliens. Gut möglich: Die Küche ist phantasievoll, ohne all zu viele Schnörkel – Garnelen mit Dips, Lammfilets mit Spargel. Am Wochenende ist die historische Kneipe der Treff der Einheimischen.
465 Hay St./Ecke Rokeby Road
Subiaco, Tel. (08) 93 81 30 69
www.subiacohotel.com.au.
tgl. ab 7 Uhr €€

Halo Café
Neu, modern, am Fluss gelegen. Das Menü ist so frisch wie das Ambiente, das Lokal mit

Street und King's Street in Perth ist beschaulich

Außendeck am Anleger eignet sich für ein gutes Dinner oder einfach für ein Dutzend Austern und ein Glas Sauvignon. Sonntags auch Frühstück.
Barrack St., Jetty, Perth
Tel. (08) 93 25 45 75
www.halocafe.com.au
*Mo-Sa ab 12 Uhr
So ab 8 Uhr* €€

Sparrow
Indonesische Küche in einfachem Ambiente, große Portionen zu günstigen Preisen. Authentisch, laut und rappelvoll.
434A William St., Northbridge
Tel. (08) 93 28 56 60
Mo-Do 11.30-20.30, Fr, Sa bis 21 Uhr €€

Gino's
Café in und vor einer ehemaligen Schneiderwerkstatt mit viel Kunst und buntem Publikum. Hier kann man sich mit einem Kaffee oder einem Glas Wein auf Fremantles Restaurantmeile an der South Terrace einstimmen.
1 South Terrace, Fremantle
Tel. (08) 93 36 14 64, *Mo-Fr 6-24 Uhr, Sa/So bis 2 Uhr* €

The Loose Box
Inmitten von Eukalyptus- und Obstgärten serviert Alain Fabregues vorzügliche französische Küche, die den Ausflug nach Mundaring (45 Min. außerhalb) wert ist. Sein Lokal ist seit Jahrzehnten legendär, gut geeignet für besondere Gelegenheiten.
6825 Great Eastern Highway, Mundaring
Tel. (08) 92 95 17 87

www.loosebox.com, *So 12-14.30, Mi-Sa ab 19 Uhr* €€€

Sail & Anchor
Historische Brauerei-Kneipe von 1854, lockere Atmosphäre. Oben Lounge und Cocktail-Bar. Probieren: Beef-Salad Thai-Style.
64 South Terrace, Fremantle
Tel. (08) 93 35 84 33
Mo-Do 11-24, Fr, Sa bis 1, So 11-22 Uhr €€

SEHENSWERT

Perth per Fahrrad
Am gemächlich fließenden Swan River entlang radeln, raus zu den Strandvororten, durch den King's Park: Perth per Rad ist weniger ermüdend als die weitläufige Stadt zu Fuß zu erkunden. Zudem hat Perth ein (für australische Verhältnisse) gutes Radwegenetz. „About Bike Hire" hat normale Räder, Mountainbikes, Tandems, Inlineskates, Kayaks sowie Routenvorschläge und Karten.
About Bike Hire, Plain St./ Ecke Riverside Drive (hinter dem Hyatt Hotel)
Tel. (08) 92 21 26 65
Mo-Sa 10-17, So 9-17, Fahrrad ab 30 A$ pro Tag

Aquarium of Western Australia
Atemraubende Wanderung im Glastunnel durch die Unterwasserwelt mit mehr als 250 Fischarten und anderen Meeresbewohnern zum Greifen nah. In Pools kann man Fische und Säuger anfassen, in einem Riesentauch-bad in Gesellschaft von Haien schnorcheln.
**AQWA, Boat Harbour
91 Southside Drive, Hillarys**
Tel. (08) 94 47 75 00
www.aqwa.com.au
tgl. 10-17 Uhr, 23,50 A$

Fremantle Markets
Mehr als 150 Stände in einem viktorianischen Markthallengebäude mit Lebensmitteln, Kleidung, Souvenirs, Taschen, Trödel, dazwischen Straßenmusikanten und Cafés.
Henderson St., Ecke South Terrace, Fremantle
Tel. (08) 93 35 25 15
www.fremantlemarkets.com.au
Fr 9-21, Sa 9-17, So, feiertags 10-17 Uhr

New Maritime Museum & Shipwreck Galleries
Im architektonisch interessanten neuen Meereskunde-Museum gibt es Ausstellungen u. a. zu Fischerei, Marinegeschichte und Swan River. Auch zu sehen: die Boote diverser „Entdecker" Australiens.
Victoria Quay, Fremantle
Tel. (08) 94 31 84 44
www.museum.wa.gov.au/oursites/maritime/newmm/newmm.asp
tgl. 9.30-17 Uhr, 10 A$
Die Shipwreck Galleries präsentieren Reste historischer Segelboote, darunter die Planken der „Batavia" von 1629.
Shipwreck Galleries, Cliff St. Fremantle Tel. (08) 94 31 84 44
tgl. 9.30-17 Uhr, Eintritt frei

MERIAN | TIPP

King's Park
Der schönste Aussichtsplatz über der Stadt ist der botanische Garten von Perth, in dem viele Exoten und mehr als 2000 heimische Pflanzenarten sowie die westaustralischen Bäume Jarrah und Karri wachsen. Spektakulär ist der **Tree-Top-Walk** (tgl. 9-17 Uhr), der als Teil des „Federation Walks" 222 Meter lang über die Wipfel von Eukalyptusbäumen nahe den Wasserspielen führt. Die gläserne Brücke ist ein Höhepunkt auf dem Weg. Lehrreich sind die geführten Gratistouren tgl. 10 und 14 Uhr, die je nach Thema eine bis 2,5 Stunden dauern. Sie beginnen gegenüber dem
Visitor Center, Fraser Avenue
Tel. (08) 94 80 36 34
www.kpbg.wa.gov.au
Schöne Picknickplätze gibt es an vielen Stellen in dem über 400 ha großen Park. Wer es konventioneller mag, gehe zu Fraser's: ein gutes Restaurant mit japanisch inspirierter Küche, in dem Kreationen wie Hummer-Gnocchi oder Abalone mit Papaya aufgetischt werden.
Fraser's, Tel. (08) 94 81 71 00
www.frasersrestaurant.com.au
nähe Fraser Avenue €€€
King's Park: Anfahrt ab Central Business District per Gratisbus CAT (Central Area Transit)

INFO CANBERRA, KUNST, NATIONALPARKS UND INSELN

MERIAN | DIE HAUPTSTADT

Viel Kunst in der künstlichen Stadt
Canberra überrascht mit viel Kultur

In ihre Hauptstadt fahren Australier zweimal im Leben: Als Schüler – weil sie das neue, teure, elegante **Parliament House** auf dem Capitol Hill besichtigen müssen. Und später, weil sie sich nach einem „anständigen Herbst" mit buntem Laub und Nebel sehnen. Es gibt aber noch mehr Gründe für einen Abstecher nach Canberra, das ab 1912 nach Plänen des Chicagoer Architekten Walter Burley Griffin entstand: Sehenswert sind besonders die Museen, allen voran die **National Gallery of Australia**: Sie ist eine der besten Kunstsammlungen des Kontinents mit über 100 000 Exponaten von Aboriginal Art aus Arnhem Land bis zu zeitgenössischen Skulpturen. Die Geschichte des Landes und seiner Bewohner erzählt das postmoderne **National Museum of Australia**: Die interaktiven Schauen sind fesselnd, die Sonderausstellungen aufwendig und spektakulär. Noch mehr Landeskultur und Hintergründe zeigen die **National Portrait Gallery** und das riesige **Australian War Memorial**. Wer alle vier Institutionen durchwandert, weiß mehr über das Land als nach wochenlanger Lektüre. Ein Muss für Kinofans ist das **Film & Ton Archive Screen Sound**. Nicht versäumen: die Gratisshows über Australiens Klang- und Kinovergangenheit Sa, So 11, 15 Uhr. Die Struktur und Symmetrie der Stadt erkennt man vom Funkturm, der sich über dem sehenswerten Black Mountain Naturreservat erhebt. B & B zu guten Preisen: www.canberrabandb.com; günstige Hotel-Sondertarife: www.visitcanberra.com.au
National Gallery of Australia, Parkes Place
Tel. (02) 62 40 65 02, www.nga.gov.au, *tgl. 10-17 Uhr*
National Museum of Australia, Lawson Crescent
Tel. (02) 6208 5000, www.nma.gov.au, *tgl. 9-17 Uhr*
Australian War Memorial, Treloar Crescent
Tel. (02) 62 43 42 11, www.awm.gov.au, tgl. 10-17 Uhr
Film & Ton Archive Screen Sound, McCoy Circuit,
Tel. (02) 62 48 20 00, www.screensound.gov.au
Mo-Fr 9-17, Sa, So ab 10 Uhr

Aborigines-Design vor dem Parlament in Canberra

Der Strom versiegt nicht. Die Jim Jim Falls am Ende der Regenzeit im Kakadu National Park im Norden Australiens

NORDEN

(E 1) Kakadu Nationalpark, NT
Im bekanntesten und größten Nationalpark des Landes beeindrucken neben Tierwelt und Landschaft vor allem die gut erhaltenen Felsgalerien mit Aborigines-Zeichnungen. Im Park sind ein Viertel aller in Australien heimischen Vogelarten zu finden, dazu 132 Reptilien- und mehr als 10 000 Insektenarten. Die Regenzeit verwandelt weite Bereiche in üppige, grüne Sümpfe und Seelandschaften, füllt die Wasserfälle und lockt besonders viele Vögel und Tiere an – einige Parkbereiche sind jedoch während der *wet season* für Besucher nicht zugänglich. Die Ranger empfehlen generell das Ende der *dry season* als beste Zeit. Gute Informationen zum Park über die offizielle Website www.deh.gov.au/parks/kakadu/visitorinfo oder im Jabiru Tourist Centre, 6 Tasman Plaza Kakadu National Park
Tel. (08) 89 79 25 48

(D 1) Litchfield, NT
Berühmt ist der 143 000 ha große Park wegen seiner gigantischen Termitenhügel und Wasserfälle, die von dem Hochplateau der tropischen Savanne in glitzernde Felsbecken stürzen – die „Florence Falls" inmitten einer dicht bewachsenen Regenwaldschlucht sind den steilen Kletterpfad wert. Nur zwei Stunden südlich von Darwin gelegen, eignet sich Litchfield auch für Tagestouren. Wer die faszinierende Landschaft und Vegetation oder einige der 250 hier heimischen Vogelarten genauer studieren will, übernachtet auf einem der sechs Campingplätze. Andere Quartiere – von einfachen Hütten bis zu Motelzimmern oder Bungalows – gibt es nicht im Park, aber in der Nähe.
www.tourismtopend.com.au/accommodation/litchfield.htm
Infos zum Park:
www.nt.gov.au/ipe/pwcnt

(E 1/2) Nitmiluk NP, NT
Einfach erreichbarer, knapp 3000 km² großer Nationalpark, etwa 30 Minuten per Auto von Katherine, der früher als „Katherine Gorge NP" bekannt war. Um die imposanten Sandsteinschluchten am Katherine Fluss zu erleben, ist eine Paddeltour mit dem Kanu eindrucksvoll. (Verleih stunden-, tageweise über **Travelnorth,** 6 Katherine Terrace, Katherine, www.travelnorth.com.au, Tel. (08) 89 71 99 99). Die bequemere Variante ist eine

zweistündige Rundfahrt per Motorboot. Zahlreiche Wanderwege entlang des Flusses, durchs Gelände und zu Wasserfällen, Karten im gut ausgestatteten Visitor Centre.

(D/E 4) Uluru & Kata Tjuta National Park, NT
Früher als Ayers Rock und Olgas bekannte und vermutlich meistfotografierte Gesteinsformationen im Herzen des Kontinents. Uluru ist zudem eine der heiligsten Stätten der Anangu Aborigines, die Besucher bitten, den Felsen nicht durch Besteigungen zu entwürdigen. Rund um den Berg führen mehrere Pfade, auf denen sich die mystische Atmosphäre der Felsenlandschaft ohnehin besser erleben lässt. Nur für ein schnelles Sonnenauf- oder -untergangsfoto aus Alice Springs anzureisen, hieße, eine Menge versäumen: Der klassische Rundweg um Uluru dauert etwa vier Stunden und ist selten überlaufen, da viele Reisegruppen nur Zeit für einen kleinen Teil des Weges haben. Yulara ist die aus Resorts, Campingplatz und Restaurants bestehende Servicestadt 20 km jenseits von Uluru, deren einziger Zweck ist, die Touristen zu versorgen.
Infos: Uluru-Kata Tjuta National Park
Tel. (08) 89 56 31 38
www.deh.gov.au/parks/uluru

(D 1) Tiwi Islands, NT
Melville und Bathurst, 80 km und 30 Flugminuten nördlich von Darwin, sind Heimat der Tiwi Aborigines. Zugang zu den Inseln besteht nur auf einer organisierten Tour – oder zum Rugby-Endspiel im März, am einzigen Tag, an dem Fremde die Insel ohne Einladung oder *permit* besuchen dürfen. Außer für ihre Football-Begeisterung sind die Insulaner bekannt für ihre Gemälde und das Kunsthandwerk – ungewöhnliche Batiktechniken, gewebte Armbänder, bemalte Muschelschalen, Schnitzereien und Totempfähle. Tagesausflüge auf die Inseln führen meist nach Bathurst, wo Besuchern ein Eindruck von Kultur, Religion und Kunst der Tiwi vermittelt wird und Gelegenheit besteht, Kunstobjekte zu kaufen. Zweitagestouren (Übernachtung im Zelt) geben einen etwas besseren Einblick in das Leben auf den Inseln. Touren mit Flug ab Darwin (nur März-Nov.) über
Tiwi Tours, Tel. (08) 89 24 11 15
www.aussieadventure.com.au
Kunstinteressierten oder Sammlern empfiehlt sich ein Tagestrip mit dem Tiwi Art Network, das drei renommierte Kunstzentren auf Bathurst und Melville Island ansteuert.
Tel. (08) 89 41 35 93
www.tiwiart.com/network/art_tours.htm

OSTEN

(G 1-I 4) Great Barrier Reef, QLD
Das größte Riffsystem der Erde erstreckt sich über 2 300 Kilometer vor Queenslands Küste nördlich von Bundaberg und besteht aus über 2 900 Einzelriffen und mehr als 600 Inseln. Seit 1981 gehört es dank seiner Schönheit, geologischen Formation, Artenvielfalt und weil es Heimat diverser bedrohter Arten ist, zum Unesco-Weltnaturerbe. Die Unterwasserwelt lässt sich in Tagesausflügen mit Tauch- oder Schnorcheltrips ab Cairns, Gladstone, Agnes Water und vielen anderen Orten in Küstennähe aus erkunden. Gute Reisekombination: Mehrtägige Segeltörns ab Airlie Beach zu den Whitsunday Inseln oder ab Cairns in die nördlichen Regionen des Riffs mit Landgängen, Schnorcheln und Tieftauchen. Besonders nah an der Natur: Inselferien inmitten des Korallenriffs auf Lady Elliot oder Heron Island. Unfassende Infos zu Touren, Rundflügen, Unterkünften, etc. unter www.queenslandholidays.com.au/rainforest_reef/great_barrier_reef.cfm

(H 2) Daintree & Cape Tribulation, QLD
Die nördlichen Bereiche des Daintree Rainforest nahe Cape Tribulation gelten mit 135 Millionen Jahren als ältester Regenwald der Erde. Doch auch weiter südlich an der Mossman Schlucht und am Daintree River sind Vogel-, Tier- und Pflanzenvielfalt beeindruckend. Der Fluss liegt 1,5 Stunden nördlich von Cairns, von dort sind es noch 140 Kilometer – ein Areal, das im Sommer überflutet sein kann. Wer so weit in den Norden Queenslands vorgedrungen ist, sollte mindestens ein paar Tage bleiben. Zum Einstieg ist eine geführte Tour oder Regenwaldwanderung mit Ortskundigen zu empfehlen. Die private Vereinigung „Daintree Cape Tribulation Tourism" hat eine Website: www.dctta.asn.au. Auch hilfreich für Anreise und erste Orientierung:
Port Douglas Daintree Tourism
Tel. (07) 40 99 45 88
www.pddt.com.au

(I 4) Fraser Island, QLD
Die angeblich größte Sanddüne der Welt wandert nicht nur, sie ist auch umgeben von tropischem Regenwald und smaragdgrünen Binnenseen und wird

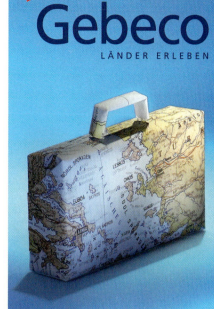

Kultur-Check mit Pep

Unser Top-Tipp:

Australien zum Kennenlernen

13-Tage-Erlebnisreise
ab € 2.095,–

Erleben Sie Australien mit dem Länderexperten Gebeco: intensiver, beeindruckender – einfach näher dran. Reisen Sie abseits touristischer Pfade und begegnen Sie anderen Kulturen hautnah. Erlebnisreisen von Gebeco sind die ideale Verbindung aus perfekter Reiseplanung und hoher Flexibilität – kombinierbar mit individuellen Verlängerungsmöglichkeiten nach Wahl. So wird Ihre Reise einzigartig.

Mehr Details über unsere Reisen erhalten Sie in unseren Länderkatalogen. Zu bestellen unter **0431/5 44 60** und **www.Gebeco.de** – oder in Ihrem Reisebüro.

INFO NATIONALPARKS, NATUR UND INSELN

MERIAN | LODGES

Träumen in Tasmanien
Die schönsten Zimmer mit Naturanschluss

Wildnis, Wälder und eine schöne Küste sind die Attraktionen von Australiens großer Insel. Doch in der tasmanischen Natur kann man auch stilvoll übernachten. Fünf großzügige Gästezimmer hat Calstock – ein stattliches Herrenhaus aus dem 19. Jh. im Herzen der Insel mit hohen Decken, viel Holz und Antiquitäten. Menüs und Weine sind erstklassig. **Country Guest House Calstock,** Lake Highway, Deloraine, Tel. (03) 63 62 26 42 www.calstock.net €€€
Wie ein Dorf mit Spa, Bar, Restaurants, Shop und weitläufig verstreuten Holzkabinen liegt die **Cradle Mountain Lodge** am Tor des Nationalparks. Gäste können wählen zwischen einfachen, gemütlichen Pencil Pine Cabins mit Balkon und Herdfeuer, diversen größeren Varianten und dem luxuriösen King Billy Haus mit privater heißer Quelle. Buchung: Voyages, Tel. (02) 82 96 80 10 www.cradlemountainlodge.com.au €€€€

Das Bad ist gerichtet: Komfort in der Cradle Mountain Lodge

Etwa 30 Minuten jenseits des Cradle-Mountain-Lake-St.-Clair Parks schlängelt sich ein Pfad hoch in den Regenwald zur rustikalen Lemonthyme Lodge. Abgeschirmt vom Nationalparkverkehr ist sie (mit gutem Restaurant!) eine Alternative für Reisende, die Einsamkeit lieben. Zahlreiche Wanderwege. Man übernachtet in Baumhäusern mit Kamin, Heizlüfter und Spa oder in einfachen Einzelzimmern im Hauptgebäude. **Cradle Mountain Lodge,** Dolcoath Road, off Cradle Mountain Road, Moina Tel. (03) 64 92 11 12, www. lemonthyme.com.au €€€
60 einfache und behagliche Gästehütten zwischen Wald und Felsbuchten gehören zur ökobewussten Freycinet Lodge im Freycinet Nationalpark im Osten Tasmaniens. Es gibt ein Gourmetrestaurant und ein günstigeres Bistro, beide mit weitem Ausblick über Halbinsel und Bucht. **Freycinet Lodge,** Freycinet National Park, Coles Bay, www.freycinetlodge.com.au Tel. (03) 62 57 01 01 €€€
Moorilla Estate – Weingut, Museum und Restaurant – liegt 15 Minuten außerhalb von Hobart. Die vier modernen Gäste-Chalets sind elegant gebaut. Jedes hat einen schönen Ausblick und – einen eigenen kleinen Weinkeller. **Moorilla Estate,** 655 Main Road, Berriedale Tel. (03) 62 77 99 00 www. moorilla.com.au €€€

von seltenen Vogelarten und Dingos (Wildhunden) bewohnt. Dieser Attraktivität verdankt das Eiland nördlich von Brisbane seinen Status als Weltkulturerbe. Geländewagentrips über den 75-Mile-Beach gehören für viele zu einem der Höhepunkte eines Inselaufenthalts. Vorsichtig und nicht bei Dunkelheit zu fahren ist angebracht! Ein Bad im Meer empfiehlt sich wegen der haireichen Gewässer nicht, Abkühlung bieten stattdessen Pools und Seen. Viele Tagestouren ab Hervey Bay, besser: zwei Tage bleiben! Eine Alternative zum noblen Kingfisher Bay Resort sind die Quartiere des „Fraser on Cathedral" – vom Hostelbett bis zur Familienhütte.
Info: Fraser Island Company Tel. (07) 41 25 39 33 www.fraserislandco.com.au

(H 3) Whitsunday Islands, QLD
74 bewaldete Eilande mit hunderten von blitzweißen Stränden und türkis schimmernden Buchten östlich von Proserpine in der Great Barrier Reef Region: Kenner vermuten, dass hier auf der idyllisch ins Korallenmeer getupften Inselgruppe das Wort „Traumstrand" erfunden wurde. Die meisten Inseln sind unbewohnt, auf acht von ihnen gibt es Unterkünfte – vom eleganten Fünf-Sterne-Luxus (Hayman) über lebhaft bis trubeliges Resortleben (Hamilton) bis zu einfachen Strandhütten (Hook). Auf anderen Inseln ist Camping nach Anmeldung erlaubt. Genehmigung von der Nationalparkverwaltung, Tel. (07) 49 46 70 22. Sehenswert ist der pure Quarzsand des schönen Whitehaven Beach im Osten von Whitsunday Island. Schnorcheln kann man in der Mantaray Bay im Norden von Hook Island. Beständige Winde, warmes Wasser und tropisches Klima machen die Region das ganze Jahr über zu einem erstklassigen Segelrevier. Ausgangspunkt für Tagesausflüge und längere Törns ist der Küstenort Airlie Beach. Beim Baden auf eigene Faust vorab über Stinger (giftige Quallen) informieren! Touren oder Bootscharter lassen sich in Airlie

Felsnadeln, aus Sand, Wind und Wasser entstanden, bevölkern die Pinnacles-Wüste im Nambung National Park

z. B. über Mr Travel buchen, Tel. (07) 49 48 09 33 www.sailing-whitsundays.com Buchung von Touren und Unterkünften sowie Informationen zur Region: **Tourism Whitsundays,** Airlie Beach, Queensland Tel. (07) 49 46 66 73 www.whitsundaytourism.com

SÜDEN

(F 6) Kangaroo Island, SA
Einsam, wild und von weitaus mehr Tieren als Menschen bewohnt. Auf „KI", wie die Einheimischen ihre Insel kurz nennen, leben mehr Koalas als dem ökologischen Gleichgewicht der Insel gut tut, seltene Honigbienen, Echidnas, Schnabeltiere, vom Aussterben bedrohte, schwarze Papageien, Schafe, Robben und natürlich reichlich Kängurus. Außerdem: bizarre Felsen, schöne Buchten, kleine Wälder und Seen. Vivonne Bay an der Südküste wurde wegen der Schönheit, Surf und Sauberkeit als bester Strand Australiens eingestuft. Wer selbst fährt, sollte unterwegs bei den Winzern im MacLaren Vale Shiraz und Sauvignon kosten. Vermeiden: Tagestouren per Bus ab Adelaide, lieber mehr Zeit auf der Insel einplanen und in netten Bed & Breakfasts oder einer der diversen Selbstversorger-Hütten übernachten.

Info: Tel. (08) 85 53 11 85
www.tourkangarooisland.com.au

WESTEN

(B 6) Nambung National Park
Knapp 250 Kilometer nördlich von Perth liegt an der Westküste das nur 175 km² große Reservat, am besten zugänglich vom Fischerort Cervantes. Attraktion sind die etwa zwei bis fünf Meter hohen Kalksteinstümpfe im Wüstensand, die einige zigtausend Jahre alt sind. Im Nationalpark gibt es keine Übernachtungsmöglichkeit, in Cervantes aber Motel, Hostel und Caravanpark.

(A 4) Ningaloo Reef, WA
Mit 260 Kilometer Länge kleiner, aber dafür näher an der Küste als das berühmte Pendant im Osten. An manchen Stellen des 4000 km² umfassenden Marine Parks beginnen die Korallen kaum 100 Meter jenseits des Strandes. Walhaie, die bis zu 18 Meter langen und größten Fische der Welt, sind von Mitte März bis Mitte Mai die Attraktion. In ihrer Nähe zu schnorcheln oder zu schwimmen ist ein überwältigendes Erlebnis. Außerdem gibt es hier etwa 500 Fisch- und 200 Korallenarten. Ein kleiner, ruhiger Ferienort am Ningaloo Reef ist Coral Bay, geschäftiger ist inzwischen Exmouth etwa 150 Kilometer weiter nördlich.
www.coralbay.info und
www.discoverwest.com.au/
western_australia/ningaloo_reef.html

(B 6) Rottnest, WA
Auf „Rotto" – wie Perther ihren Wochenendspielplatz gern nennen – gibt es keine Autos, dafür aber Quokkas, kleine Beutler, denen die Insel ihren Namen verdankt: Angeblich hielten holländische Entdecker die putzigen Tiere für Ratten und tauften die Insel nach den Miniatur-Kangaroos, die es heute nur noch hier gibt, z. B. südlich von Thomson Bay auf dem Weg zur Geordie Bay. Dazwischen Felsbuchten und exklusiv schöne Strände, ideal zum Baden und Schnorcheln, auf der Ozeanseite diverse Buchten mit oft perfektem Surf (Wellenreiter). Im Marine Reservat rund um die Insel leben 360 Fisch- und 20 Korallenarten. Beliebt ist die Küste bei vorbeiziehenden Buckelwalen, Delfinen, Seelöwen. Man kann die Insel auch mit dem Fahrrad erkunden. Verleih: Rottnest Bike Hire Tel. (08) 9292 5105 in Thomson Bay. Der „Bayseeker Bus" ist ein Insel-Shuttle. Stilvolles Quartier oder Getränkestop vor der Rückfahrt nach Perth: Quokka Arms Hotel, ein ursprünglich viktorianischer Bau von 1864, Bedford Road, Tel. (08) 92 92 50 11.
Infos zu Anreise, Touren, Unterkünfte: Rottnest Island Authority Tel. (08) 94 32 91 11
www.rottnestisland.com

(A 5) Shark Bay, WA
Attraktionen, denen die Hain-Bucht ihre Zugehörigkeit zum Weltkulturerbe verdankt, sind Shell Beach, ein 100 Kilometer langer Strand, der aus feinen kleinen Muscheln besteht, die sich teils meterhoch übereinander türmen, und Eagle Bluff, wo man vor allem im Sommer die weltgrößte Kolonie von Dugongs, Seekühen, sieht, die zum Seegrasfressen herschwimmen. In der Nähe wachsen die Stromatholiten genannten Felsnasen aus dem Hamelin Pool, „lebende Fossile", die etwa 1 Millimeter pro Jahr wachsen. Im nahen Monkey Mia tummeln sich Delfine fast am Ufer. Es lohnt, zwei Tage für die Gegend einzuplanen. Übernachtungsmöglichkeiten vom Zelt bis zur Villa im Monkey Mia Resort oder auf dem Shark Bay Campingplatz.
Info: http://www.discoverwest.com.au/mapall.html

Broken Hill

Als „Silver City" machte sich das 20 000-Einwohner-Städtchen 1160 km westlich von Sydney vor über 100 Jahren einen Namen. Inzwischen lockt die Kunst – es gibt keine andere Stadt im Outback, die mehr Galerien als Kneipen hat. Außer der städtischen **Broken Hill Regional Art Gallery** finden sich hier rund 30 private Ausstellungsräume. Einige beeindrucken durch Kitsch, andere sind anspruchsvoll oder originell. Pflicht ist die **Galerie von Pro Hart**, ein Highlight ist der Sonnenuntergang beim **Sculpture Symposium**, interessant die Aboriginal Kunst in der **Thankakali Arts Centre**. Die schönste der vielen Wand- und Deckenmalereien zeigt der Salon im Royal Exchange Hotel.
(F/G 5/6) **Broken Hill Tourist and Travellers Centre**
Blende/Bromide St.
Tel. (08) 80 87 60 77
www.visitbrokenhill.com.au

INFO AKTIV

Ritt in den Sonnenuntergang: Kamelkarawande am 22 Kilom

MERIAN | TIPP

Einmal Cowboy sein!
Durchs Outback reiten, bis der Staub die Augen verklebt… bei 40 Grad Hitze Rinder treiben… Kühe melken… vor Sonnenaufgang Hühner füttern: Der Alltag von Farmarbeitern ist hart, aber für Städter erstaunlich attraktiv. Auf „Myella", einer gut 1000 Hektar großen Rinderfarm südöstlich von Australiens Rinderhauptstadt Rockhampton, zahlen Gäste dafür, die Strapazen des Landlebens zu genießen. Und dies mit wachsender Begeisterung, denn seit Familie Eathers vor gut zehn Jahren erstmals Touristen am Leben auf ihrer Farm in Queensland teilhaben ließ, musste sie ihre Gästequartiere mehrmals erweitern. Inzwischen gibt es 16 Zimmer, persönlich und überschaubar ist der Betrieb dennoch geblieben. Nach wie vor ist „Myella" mehr Rinderfarm als Bed & Breakfast. Die Gäste können, müssen aber nicht arbeiten – jeder bestimmt seinen Einsatz selbst, doch die meisten Besucher lassen sich die mehrstündigen Ausritte durch die Landschaft nicht entgehen, lernen begeistert, per Motorrad über die sandigen Wege zu rasen und genießen anschließend die Abkühlung im Pool. Gekocht wird auf einem stattlichen Herdfeuer im Freien, gegessen auf einer Terrasse, die Zimmer sind freundlich, sauber und deutlich besser ausgestattet als die der Farmarbeiter. **(H 4) Myella Farmstay,** Familie Eather, Baralaba, Queensland www.users.bigpond.com/myella, Tel. (07) 49 98 12 90. Weitere Farmaufenthalte in ganz Australien unter www.australiafarmhost.com
2 Tage und 1 Nacht: 175 A$
3 Tage: 250 A$, inklusive Mahlzeiten, Aktivitäten, Transfer ab und bis Rockhampton.

WHALEWACHING

Osten
Als „Whalewatching-Hauptstadt der Welt" feiert sich selbstbewusst **(I 4) Hervey Bay,** 300 km nördlich von Brisbane. In der Tat ist die Wahrscheinlichkeit, hier von Juli bis November Wale zu sehen, besonders groß. Vor allem für Buckelwale, die aus der Antarktis in die warmen Tropen zum Kalben kommen, sind die geschützten Gewässer zwischen dem Hafenort und Fraser Island ideal. Über ein Dutzend Beobachtungstouren gibt es hier: www.whalewatching.com.au.
Noch ein guter Beobachtungsort in Queensland ist **Moreton Bay** nahe **Brisbane.** Ende Mai bis Juli oder Sept. bis Nov. sind die besten Monate, um die mächtigen Tiere von New South Wales Küste aus auf ihrem Weg aus der oder in die Antarktis zu beobachten. **Gute Spots:** Byron Bay, Iluka, Angourie Point, Smokey und Tomaree Heads sowie die Sapphire Coast nahe Eden, in der im Oktober das „Whalefestival" stattfindet. **In der Region um Sydney:** North Head (Manly), Barrenjoey Head (Palm Beach), der Küstenstreifen rund um Bondi. Bootstouren ab Coffs Harbour, Port Macquarie, Batemans und Jervis Bay, Port Stephens.

Süden
In Südaustraliens **Encounter Bay** auf der Fleurieu Peninsula dauert die Migrationssaison von Mitte Mai bis Anfang Okt. Der Vorteil von **Victor Harbor** (etwa eine Stunde südlich von Adelaide): Man muss nicht ins Boot, um Südliche Glattwale zu sehen – oft reicht ein gutes Fernglas. Diverse Aussichtsplattformen entlang der Bucht, Infos und ein kleines Museum wie im **(F 6) South Australian Whale Centre,** 2 Railway Terrace, Victor Harbor, Tel. (08) 85 52 56 44, www.sawhalecentre.com. In Victorias Küstenstädtchen **Warrnambool** werden jeden Winter kalbende Glattwale gesichtet. Beste Zeit ist Mitte Juni bis Ende Aug. Gute Beobachtungspodeste gibt es oberhalb von **Logans Beach,** Infos: **(F/G 6) Warrnambool** Visitor Information Centre, Flagstaff Hill, Merri St
Tel. (03) 55 59 46 20
www.warrnamboolinfo.com.au
tgl. 9-17 Uhr

Westen
Westaustraliens Walsaison dauert etwa von Mai bis Dez., vorbei ziehen Südliche Glattwale, Buckelwale, seltener auch mal ein Blauwal. Beobachtungen an der gesamten Küste zwischen **Broome und Esperance.** Zu den besten Aussichtspunkten gehören Albany, Dunsborough, Fremantle und Kalbarri. Bootstrips gibt es z.B. ab Augusta (Jun. bis Sept.) und Dunsborough (Sept. bis Dez.) mit **(B 6) Naturaliste Charters** Augusta, Tel. (08) 97 58 01 11 Dunsborough,
Tel. (08) 97 55 22 76
www.whales-australia.com
Unterwegs Besuch einer Robbenkolonie

Whale World
Cheynes Beach, die letzte Walfangstation des Kontinents, schloss 1978 in Albany und wurde zu einem Museum mit einem alten Walfangschiff, Skeletten und anschaulichen Infos zur Walfanggeschichte umgebaut: **(C 6) Whale World** Frenchman Bay Road, Albany
Tel. (08) 98 44 40 21

REITEN

Vor allem in ländlichen Regionen kann man Pferde stundenweise mieten oder bis zu einwöchige Reiterferien auf den Spuren des australischen Kultfilmhelden „The Man from Snowy River" buchen. Für letztere eignet sich natürlich das Hochland der Snowy Mountains (NSW und Victoria) besonders gut.

Reynella Rides
Ein Klassiker: Alpine Horseback Safaris der Reynella Farm in den Snowy Mountains mit einwöchigen Campingausritten durch den Kosciuszko National Park (Okt. bis Mai). Reynella ist eine alte Schaf- und Rinderfarm, wo auch Übernachtungen, Tagesausritte und Reitunterricht angeboten werden.
(G/H 7) Reynella Rides
Kingston Road, Adaminaby
www.reynellarides.com.au
Tel. (02) 64 54 23 86
Tagestrip ab 77 A$

Cochran Family Tradition Horsetreks
Fast wie in alten Zeiten: Die Tradition des Rinderauftriebs zu Pferd, die die Cochrans vor über 150 Jahren ins Yaouk Valley in den Snowy Mountains zog, ist inzwischen in den Namadgi und Kosciuszko National Parks verboten – nicht jedoch das Ausreiten. Geboten werden Tagestouren und bis zu einwöchige Trecks, Übernachtung in Camps.
(G/H 7) Peter und Judy Cochran
„Yaouk", Adaminaby, NSW
Tel. (02) 64 54 23 36
www.cochranhorsetreks.com.au
Vier Tage Reiten inklusiv Verpflegung 800 A$

Treckreiten de luxe
Zwei- bis fünftägige Ausflüge durch die Snowy Mountains. Statt zu campen, übernachten

...en Strand bei Broome

Reitergruppen (max. 12
...) in stilvollen Berghütten
...Australischen Alpen und
...pannen sich nach einem
...n Tag im Sattel auf einem
...dsitz mit Kamin, Schwimm-
...und gutem Essen.
) **Snowy River Horseback
...enture, Jindabyne, NSW
(02) 64 57 83 85**
...w.snowyriver
...ebackadventure.com.au
...-1835 A$

...ch am großen Fluss
...staraliens **Big River
...ch** ist zugleich Reitertreff,
...ilienfreundliche Herberge
...einfachen Zimmern oder
...möglichkeit. Nahe Kalbarri
...chs Stunden nördl. von
...h) werden an der Mündung
...Murchison River auch
...änger mitgenommen. Außer-
...a viertägige Reitercamps
...er Region des schluchtenrei-
...n Kalbarri National Parks.
) **Big River Ranch, Kalbarri
(08) 99 37 12 14**
...w.bigriverranch.net
...Tage 480 A$

...Kamel durch die Wüste
...den Spuren afghanischer
...meltreiber, die die Wüsten-
...e nach Australien brachten,
...chs Outback zu ziehen,
...t: unter Sternen zu schla-
...viel gehen und noch mehr
...ub zu schlucken. Die Ka-
...e sind Packtiere – werden
...geführt, nicht geritten: Die
...iwöchigen „Treks" führen
...ie Great Victoria Desert (SA),
...Gibson und Great Sandy
...ert's in Westaustralien, zum
...ke River (NT), zu Wüsten-
..., den Wasserlöchern des

Diamantina River und Eyre
Creek im westlichen Queensland und im Nordosten Südaustraliens. „Treks" sind für trai-
nierte Wanderer, „Expeditionen"
(einmonatige Durchquerung
der Simpson Desert von Old
Andado Station im Northern
Territory bis Birdsville in West-
queensland) hingegen nur für
hartgesottene Wüstenfreunde.
**(I 5) Outback Camel Company
PO Box 132, Fortitude Valley
(Brisbane) Queensland 4006
Tel. (07) 38 54 10 22**
www.cameltreks.com.au
14tägige Trecks um 3400 A$.
Kurze Ritte auf Kamelen gibt es
vor allem in Alice Springs,
z. B. Sonnenaufgangsritte mit
„Take a Camel to Breakfast".
**(E 4) Frontier Camel Tours
Ross River Highway
Alice Springs
Tel. (08) 89 53 04 44**
www.cameltours.com.au *80 A$*
Broome Camel Safaris vor den
Toren der Tropenregion Kimber-
ley im nördlichen Westaustra-
lien bietet Tages- oder Sonnen-
untergangsritte entlang des
perlweißen Cable Beach an.
**(B 3) Ships of the Desert, Lullfitz
Drive, Cable Beach, Broome
Tel. (04 19) 39 52 06** *ab 30 A$*

SURFEN

Der Hawaiianer Duke
Kahanamoku machte es den
Australiern vor 90 Jahren vor,
seither wurde die Kunst, auf
einem Brett über die Wellen gen
Strand zu gleiten, zur nationa-
len Leidenschaft. Kein Wunder,
denn mehr als die Hälfte der
über 35 000 Kilometer langen
Küste – die Regionen jenseits
der Krokodilzone und südlich
der beiden Barriereriffs – eignen
sich zum Surfen. Anfänger
finden in den über das ganze
Jahr relativ warmen Wellen von
New South Wales und Queensland die besten Bedingungen.
Fortgeschrittene zieht es nach
Südaustralien und Victoria
(s. Tipp, S. 130), wo allerdings
die Temperatur im Winter auf
bis zu 11 °C sinkt und in einigen
Gegenden mit Haien zu rechnen ist. Tasmanien ist Geheim-
tipp der kälteresistenten Surf-
gemeinde. Traumhafte Be-
dingungen (wenig Menschen,
beste Wellen) herrschen in

Westaustralien – vor allem an
der Südküste ist jedoch von
Mai bis Sept. das Wasser kalt,
der Surf wild. Die „Bibeln"
für Wellensucher sind „Surfing
Australia, Guide to the World's
Top Surfing", Periplus Action
Guides, (Mark Thornley) und
„Atlas of Australian Sur-
fing", Traveller's Edition, (Mark
Warren, Harper Collins).

Surf-Safaris
„Surfaris" von Sydney nach
Byron Bay sind sechstägige Trips
im Stil von stadtflüchtigen
Sydneysidern der 60er Jahre
auf der Suche nach der perfekten Welle. Per Bus werden
bis zu 40 meist unerfahrene
Surfer zu einsamen Stränden
und abgelegenen Buchten in
Nationalparks gebracht und mit
den Grundlagen vertraut gemacht. Übernachtungen in Zelten direkt am Wasser, Surfen
allein und unter Anleitung bis
zum Sonnenuntergang, Verpflegung und Ausrüstung inklusive.
**Surfaris, Tel. in Australien:
1 80 06 34 99 51**
www.surfaris.com
*Dez.-April 549 A$, Mai-Nov.
499 A$ ab/bis Sydney, Abfahrt in
Sydney jeden So.* Surfaris organisieren auch Touren für erfahrene
Surfer, Info: surf@surfaris.com.

Surftrip ab Sydney
Sightseeing und Surfen lernen zugleich: Waves Surfschool
bringt Anfänger und Fortgeschrittene an einen Strand in
den Royal National Park südlich von Sydney. Inklusive Pick-
nick, zwei Surfstunden und
die Chance, das Gelernte an einem Surfspot auszuprobieren.
**Waves Surfschool
192 Bronte Road, Sydney
Tel. (02) 93 69 30 10**
www.wavessurfschool.com.au
*Touren von Okt.-Mai, Tages-
tour 69 A$, Zweitagestour mit
Übernachtung im Camp
nach Seal Rocks an der North
Coast ab 189 A$*

Surfen lernen
Wer beim Zuschauen Lust bekommt, es selbst zu probieren,
findet an den populären, surf-
baren Küstenabschnitten diverse Schulen, die das ganze Jahr
über Kurse geben und mit Strömungen, Wellen und Technik

INFO AKTIV

MERIAN | WANDERWEGE

Zu Fuß in der Wildnis
„Bush Walking Tracks" auf Spazierwegen, über Dschungelpisten, durch Nationalparks

Australien ist weder zu groß noch zu heiß zum Wandern – wenn man die richtigen Monate wählt, genug Zeit einplant und richtig ausgerüstet ist. Und: Viele der berühmten Überlandtrecks muss man nicht von Anfang bis Ende gehen – oft sind schon Tagesetappen ein Erlebnis. Von Alice Springs Richtung Westen durch die MacDonnell Ranges bis Mount Sonder führt der **Larapinta Trail**, einer der aufregendsten Wanderwege des Kontinents. Auf den 223 Kilometern durchs Red Centre folgt die Route den abrupt aus der Wüste ragenden Bergketten zu spektakulären Schluchten, Wasserlöchern und Hügeln. Der Weg ist in zwölf Abschnitte unterschiedlicher Schwierigkeitsgrade aufgeteilt, die auch einzeln in ein oder zwei Tagen gegangen werden können, am besten von April bis Oktober. Geführte drei- bis achttägige Wanderungen bietet Trek Larapinta, 22 Chewings St, Alice Springs Tel. (08) 895 32 93 www.treklarapinta.com.au. ab 550 A$ an. Wer auf eigene Faust wandert, findet Karten und Details zu Abhol- bzw. Verpflegungsservice im **Alice Springs Visitor Centre Gregory Terrace** Tel. (08) 89 52 58 00 www.nt. gov.au/ ipe/pwcnt. Vorzügliche mehrtägige bis mehrwöchige geführte „off trail"-Wanderungen durch die Kimberleys, das Red

65 km Wildnis: Der Overland Track auf Tasmanien

Centre sowie unbekanntere Regionen des Kakadu Nationalparks – auch während der dramatischen Regenzeit – organisiert der Bushwalking-Experte Russell Willis aus Darwin: Willis's Walkabouts, Tel. (08) 89 85 21 34 www.bushwalkingholidays.com.au.
Der längste zusammenhängende Wanderweg ist der **Heysen Trail,** der von der Parachilna-Schlucht in den Flinders Ranges durch Südaustraliens ganz unterschiedliche Landschaftsformen führt, ehe er 1200 km weiter südlich in Cape Jervis auf der Fleurieu-Halbinsel endet. Hütten und Hostels entlang des Weges machen Abschnitte auch für Wanderer tauglich, die keine Campingausrüstung tragen wollen. Infos: www.heysentrail.asn.au oder www.environment.sa.gov.au/parks/heysen.html.
Die Wildnis Tasmaniens ist in vielen Teilen undurchdringlich. Doch mit dem 65 km langen **Overland Track** durch den Cradle Mountain & Lake St. Clair National Park, dem viertägigen **Bay of Fires Walk** im Nordosten und dem **Maria Island Walk** besitzt die Insel gleich drei wunderbare Wanderwege. Ausführliche Information dazu s. S. 84.

vertraut machen. Alle genannten Schulen bieten Gruppenkurse wie Privatstunden für Erwachsene an, meist gibt es ab drei Stunden Rabatt. Vorsicht bei „Garantie"-Versprechen, nach einer Stunde Wellenreiten zu können – der Erfolg hängt immer von der eigenen Fitness und den jeweiligen Bedingungen von Wind und Wasser ab. Gut sind alle vom offiziellen Dachverband „Surfing Australia" anerkannten Schulen auf der Website: www.surfing australia.com unter „learn to surf". Die meisten Schulen verleihen Bretter und Wetsuits (um 25 A$ für 2 Std.). Wer sich ohne Anleitung per Brett ins Wasser wagt, braucht in der Regel länger. Achtung, unbedingt vorab über Strömungen und Bedingungen am Strand informieren!

Torqay, Victoria
Gute Bedingungen finden Anfänger gleich um die Ecke des legendären Bells Beach mit den Lehrern von „Go ride a Wave". **(G 7) Go Ride a Wave, 143b Great Ocean Road, Anglesea, Victoria, Tel. (03) 52 63 21 11 graw.com.au** *Die Schule bietet auch Surf-, See-Kayak- und Kletterkurse an. Kurse werden in Anglesea, in Lorne und Ocean Grove gegeben, eine Doppelstunde kostet 50, fünf 200 A$*

(B 6/7) Denmark Westaustralia
Die Strände um den Ferienort etwa 400 km südlich von Perth sind im Sommer auch für Neulinge gutes Terrain. Südküsten-

Paradies für Schnorchler: Bu

Surf-Guru Mike Neunuebel unterrichtet von Sept. bis Mai in den einfachen bis mittelschweren Wellen des geschützten „Ocean Beach", eine Strömung hilft beim Rauspaddeln. Coaching auch für erfahrene Surfer. **South Coast Surfing Mike Neunuebel Tel. (08) 98 48 20 57 www.users.bigpond.net.au/ bluewren/surfing/default.htm** *Doppelstunde 40 A$, 3 Tage 100 A$*

(I 5) Noosa, Queensland
Warmes Wasser und der nach Norden ausgerichtete Strand erleichtern das Lernen. Wavesense Surf Coaching unterrichtet Gruppen in den meist berechenbaren Wellen. Viele Programme für künftige Brettprofis von Einführungs- bis fünftägigen Intensivkursen.

Lernspiele am Riff: Fische durch das *Seascope* kennen lernen

128 MERIAN www.merian.de

p-Lagune mit Lady Musgrave Insel vor der Capricorn Coast, Barrier Reef

Wavesense, 2/18 Duke St.
Sunshine Beach, Tel. (07) 54 74 90 76
www.wavesense.com.au
Doppelstunde 55 A$
Wem es vor der Konkurrenz graust:
Noosa Surf Lessons gibt Kleingruppen
(max. 4 Pers.), auch Einzelunterricht.
Darryl, Tel. (04 12) 33 08 50
www.noosasurflessons.com.au
Privatstunde 80 A$, 5-Tageskurs in Dreiergruppe 200 A$ p. Pers.

Manly, NSW
Surfen lernen, wo Australier den ersten Ritt auf Wellen sahen: In Manly oder Palm Beach, an Sydneys nördlichen Stränden nahe Freshwater. Lässige Lehrer zeigen bunt gemixten Gruppen die ersten Paddeltechniken, Balance-Übungen und die richtige Haltung auf dem Brett.
(I 1, Karte S. 135) Manly Surf School
North Steyne, Tel. (02) 99 77 69 77
www.manlysurfschool.com
Buchung per mail:
matt@manlysurfschool.com
Doppelstunde ab 50 A$

TAUCHEN

Australien, vom Wasser dreier Ozeane umgeben, verwöhnt anspruchsvolle Taucher ebenso wie Schnorchler: vom warmen, farbenfrohen Korallenmeer der nördlichen Breitengrade zu den artenreichen Gewässern im Süden. Informationen zu jedem Tauchspot im „Atlas of Australian Dive Sites" von Keith Hockton (29,95 A$). Ohne Anspruch auf Vollständigkeit, aber mit guten Tipps und schönen Fotos:
„Top Dive Sites of Australia",
Becca Saunders, New Holland
54,95 A$

Great Barrier Reef
Tauchmöglichkeiten im Osten des Kontinents sind so zahlreich und vielseitig wie die Korallen- und Fischwelt unter Wasser. Erstklassige Plätze am nördlichen Barriere Riff und in der „Coral Sea" östlich des Riffs mit mehrtägigen Tauchkreuzfahrten. Einige der Höhepunkte im Great Barrier Reef: Tauchtouren zu den seltenen Zwerg-Minkwalen am Ribbon Reef (Juni, Juli auch für Schnorchler), Besuch der beeindruckenden Riesenzackenbarsche am „Cod Hole", Fahrten zum abgelegenen Osprey Reef mit 1000 Meter tief abfallenden Riffhängen und diversen Haiarten. Hauptstartpunkte für Ein- wie Mehrtagestouren sind Cairns, Port Douglas, die Whitsunday Inseln/Airlie Beach. Die meisten Veranstalter bieten auch Kurse für Anfänger und Auffrischerstunden für Fortgeschrittene, u. a.
(H 2) Pro Dive Cairns, 116 Spence St.,
Tel. (07) 40 31 52 55, www.prodive
cairns.com.au, auch auf Deutsch.
Einen erstklassigen Überblick über Tauchkurse und Tourveranstalter ab Cairns bietet
Diving Cairns, Tel. (07) 40 41 75 36
www.divingcairns.com.au.
Anspruchsvolle Expeditionen mit Forschungsaspekt in Regionen des Riffs ab Port Douglas mit
Undersea Explorer, Tel. (07) 40 99 59 11
www.undersea.com.au

Yongala Wrack, Townsville
Der 1911 in einem Zyklon gesunkene Passagierdampfer „Yongala" ist Ziel einer der besten Wracktauchgänge des Kontinents. Das 120 Meter lange Schiff ist gut erhalten und mit Korallen überwuchert, die Fischwelt am Wrack erstaunlich artenreich. Mehr-

INFO AKTIV

MERIAN | WASSERSPORT

Unvergessliche Ritte
Für Surfer ist Australien der Himmel auf Erden

Viele Küstenstriche bieten großartige Bedingungen für Wellenreiter. Nur eine aber heißt „Surf Coast": der Abschnitt der **Great Ocean Road** westlich von Melbourne zwischen **Torquay** und **Lorne**. Einer der Gründe: Torquay hält sich als Geburtsstätte der Surfgiganten **Ripcurl** und **Quiksilver** – wenigstens kommerziell – für die Surfhauptstadt des Kontinents. Der Zweite: Gleich nebenan in Bells Beach findet der **Rip Curl Pro** statt, der älteste aller Surfwettbewerbe, bei der jedes Jahr zu Ostern die Weltelite auftritt. Am wichtigsten aber ist, dass auf den etwa 70 Kilometern eine Reihe erstklassiger Strände und Point Breaks Brettartisten glücklich machen. Torquay selbst bietet wie Anglesea und Fairhaven gute Bedingungen für Anfänger. Sicherer auf dem Brett stehen sollte, wer sich in die Reefbreaks von **Point Impossible, Point Danger** und **Jan Juc** wagt: Der felsige Abschnitt von **Bird Rock** bis **Bells Beach** ist eindeutig Fortgeschrittenen-Revier. Im legendären **Bells** brechen die Rechtshänder Bowl und Rincon am besten im Herbst und Winter. Unvergessliche Ritte verspricht Könnern die legendäre Welle von **Winkipop** sowie **Centreside** und **Southside** in der Bells Region. Erstklassige Spots haben auch **Lorne** und **Apollo Bay** – sie zu finden, ist das halbe Vergnügen. Wer (was selten ist) keine Welle entdeckt und auch nicht im März (rechtzeitig Quartier buchen!) zum Prominenz-Gucken anreist, kann im „Surf City Plaza" Accessoires, Bretter und Shorts kaufen, im Surfworld-Museum Atmosphäre schnuppern. Surfworld wirbt damit, das größte Strandkultur- und Surfmuseum der Welt zu sein und ist gespickt mit Videos, Memorabilia, Brettern aus über 90 Jahren Wellenreiten in Australien und historischen Fotos. **Surfworld, Surf City Plaza, Beach Rd, Torquay.** *tgl 9-17 Uhr, Eintritt 8 A$,* **Tel. (03) 52 61 46 06, www.surfworld.org.au.** Surfer, die mit Nicht-Wellen-Besessenen unterwegs zu sind, können aufatmen: Schicken Sie Ihre wasserscheuen Partner auf den **Surf Coast Walk,** einen 30 Kilometer langen Wanderweg mit wunderschönen Küstenausblicken!
Infos: **(G 7) Visitor Information Centre, Beach Road, Torquay** Tel. (03) 52 61 42 19, www.visitsurfcoast.com

35 000 Kilometer Küste: Surfen ist nationale Leidenschaft

Surfunterricht und Metropolen-Gefühl: Das Beste von Sydney

tagestouren ab Cairns und Townsville oder Tagestrips ab Ayr, 2 Std. z. B. mit
(H 3) Yongala Dive
51 Sandowns St. Alva Beach, Ayr
Tel. (07) 47 83 15 19
www.yongaladive.com.au.
Interessante Hintergründe zum Schiff im **Maritime Museum Townsville**, 42-68 Palmer St
Tel. (07) 47 21 52 51
Mo-Fr 10-16, Sa, So 12-16 Uhr

(I 5) Pimpernel Rock
Solitary Islands Marine Park, NSW Pyramidenförmiger Fels mit bizarren Formen und artenreicher Fischwelt, 75 km nördlich von Coffs Harbour. Ein zwölf Meter hoher, 15 Meter breiter Tunnel mit Korallenwänden, Sandtigerhaien, großen Fischen; meist gute Sicht. Aufgrund von Strömungen nur für erfahrene Taucher geeignet!

(A 4) Ningaloo Reef
Der Marine Park ist 260 Kilometer lang und erstreckt sich parallel zur Küste: Das Riff ist kleiner als das Barrier Reef, dank der Nähe zur Küste aber kann man gut schnorcheln. Tauchen mit dem bis zu 12 Meter langen und 30 Tonnen schweren Walhai ab Exmouth (März bis Juni) gehört zu den Höhepunkten einer Australienreise, nirgendwo sonst auf der Welt kommt der größte Fisch der Welt so nah an die Küste. Außerdem: Rochen, Riesenbarsche, Seeschildkröten – über 500 Fisch- und 220 Korallenarten! Taucher schätzen den 300 Meter langen Navy Pier in Exmouth wegen des Artenreichtums der Fische. Diverse Tages- und Mehrtagestouren. Der Ort Coral Bay gilt als guter Schnorchel-Ausgangspunkt.
Infos zu Veranstaltern beim **Exmouth Visitor Centre**
Tel. (08) 99 49 11 76
www.exmouthwa.com.au

FLIEGEN

Mit dem Postboten in die Pilbara-Region

Newman ist moderne Bergbaustadt und mit 4500 Einwohnern die größte Ansiedlung in der heißen Pilbara-Region. Die gut 15 Stunden Fahrt über den Great Northern Highway gibt eine Ahnung von der Abgeschiedenheit. Doch wer für einen Tag per Cessna mit dem Piloten des „Outback Mail Runs" Post austrägt, kann Weite, Einsamkeit wie Schönheit des nördlichen Westaustraliens intensiv erleben. Dreimal pro Woche nimmt der Flieger je nach Auslastung bis zu fünf Gäste mit auf seine Tour. Gleich nach Sonnenaufgang startet die Maschine zu abgeschiedenen Farmen, Aborigines-Communities oder Krankenstationen, deren einziger regelmäßiger Kontakt mit der Außenwelt das Postflugzeug ist. Passagiere erleben so, wie der Pilot Kängurus von staubigen Landebahnen verscheucht, sie gleiten über die weiten Ebenen des Great Sandy Deserts, sehen die unwirklich rosafarbenen Sanddünen des Rudall River National Parks, die paprikarote Erde, hin und wieder ein Kamel, kleine Flüsse und viel Horizont. Abwechslung bietet ein Schwatz mit Farmern auf den abgelegenen „Stations" oder mit Aborigines nahe des „Rabbit Proof Fence", in denen der gleichnamige Film gedreht wurde.
Infos: **(B 4) Newman Visitor Centre Fortescue Ave/Newman Dr,** Tel. (08) 91 75 28 88
Buchung auch über **Discover West**
Tel. (0 8) 62 63 64 10
www.discoverwest.com.au/tours/tour-outback-mail-run-13252.html
Flüge je nach Route zwischen 2,5 und 7,5 Stden, 120-280 A$

130 MERIAN www.merian.de

INFO KARTE

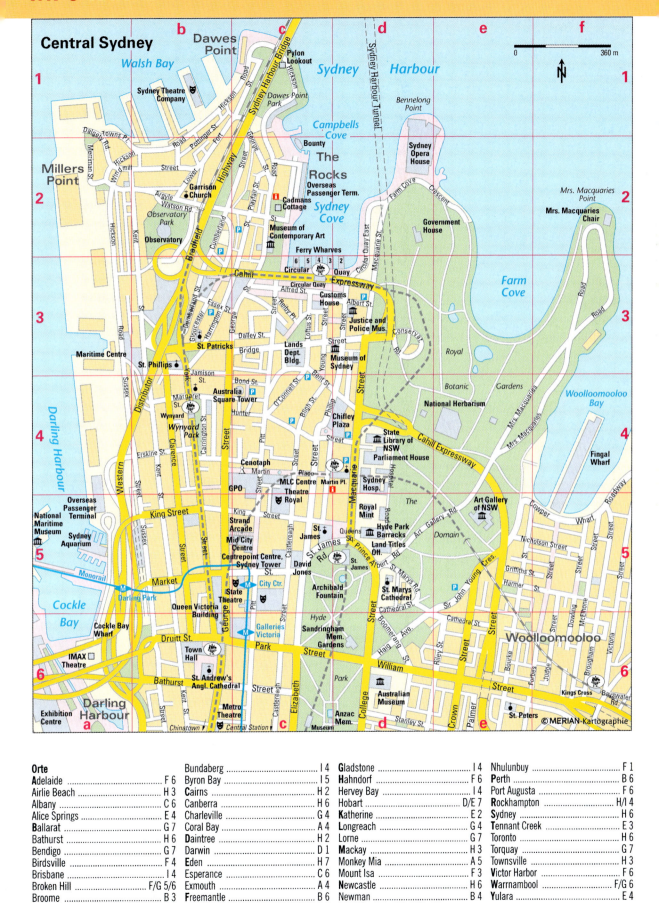

Orte

Adelaide	F 6	Bundaberg	I 4	Gladstone	I 4	Nhulunbuy	F 1
Airlie Beach	H 3	Byron Bay	I 5	Hahndorf	F 6	Perth	B 6
Albany	C 6	Cairns	H 2	Hervey Bay	I 4	Port Augusta	F 6
Alice Springs	E 4	Canberra	H 6	Hobart	D/E 7	Rockhampton	H/I 4
Ballarat	G 7	Charleville	G 4	Katherine	E 2	Sydney	H 6
Bathurst	H 6	Coral Bay	A 4	Longreach	G 4	Tennant Creek	E 3
Bendigo	G 7	**D**aintree	H 2	Lorne	G 7	Toronto	H 6
Birdsville	F 4	Darwin	D 1	**M**ackay	H 3	Torquay	G 7
Brisbane	I 4	**E**den	H 7	Monkey Mia	A 5	Townsville	H 3
Broken Hill	F/G 5/6	Esperance	C 6	Mount Isa	F 3	Victor Harbor	F 6
Broome	B 3	Exmouth	A 4	**N**ewcastle	H 6	Warrnambool	F/G 6
		Freemantle	B 6	Newman	B 4	Yulara	E 4

werden von Banken gegen Gebühr eingetauscht. Gängiges Zahlungsmittel z. B. für Leihwagen und Hotelübernachtungen sind die international gebräuchlichen Kreditkarten.

Zeitzonen
In Australien gibt es drei Zeitzonen: die Western Standard Time (WST) in Westaustralien, die Central Standard Time (CST) im Northern Territory und Südaustralien sowie die Eastern Standard Time (EST) in New South Wales, Canberra, Tasmanien, Victoria und Queensland. Die Zeitverschiebung zu Mitteleuropa beträgt +8 Stunden im Osten (während der europäischen Sommerzeit +10 Stunden), 6 bzw. 7 Stunden im Westen und 7,5 bis 9,5 Stunden im Northern Territory und Südaustralien. Die australische Sommerzeit gilt von Okt. bis März, nicht jedoch in Queensland, im NT und Westaustralien.

REISEN IM LAND

Flugzeug
Inlandsflüge werden von Qantas (www.qantas.com.au), preiswerter von Virgin Blue (www.virginblue.com.au) und Jetstar (www.jetstar.com) sowie einigen kleineren Regionallinien angeboten. Beliebt und günstig sind Buchungen übers Internet mit Bezahlung per Kreditkarte. Ein Ticket wird oft nicht ausgestellt – es genügt, beim Check-In den Pass zu zeigen. Bei Inlandsflügen sollte man etwa 30 Minuten vor Abflug am Schalter sein.

Bus
Wer Australien per Bus erkunden will, braucht etwas Zeit, da die Busse in ländlichen Regionen nicht täglich fahren, sieht aber viel und kann auch abgelegene Orte des Kontinents erreichen. Vor allem jüngere Leute nutzen die ermäßigten „Aussie Passes" genannten Buspässe des Unternehmens Greyhound Australia: **Tel. (07) 46 90 99 50, www.greyhound.com.au**. Der „Explorer Pass" ermöglicht Touren mit einer unbestimmten Zahl von Stopps auf festgelegten Routen, z. B. der „Outback & Reef Explorer Pass" ab Sydney für 797 A$, der „All Australian" für 2059 A$ oder der „Cosmopolitan" zwischen den Hauptstädten im Südosten für 287 A$. Beim „Aussie Kilometer Pass" hingegen kauft man eine bestimmte Zahl von Kilometern – z. B. 10 000 km für 1150 A$ – und fährt die innerhalb eines Jahres nach und nach auf frei gewählten Strecken des Greyhound-Netzes ab.

Bahn
Das australische Bahnnetz ist lang und überschaubar. Die eleganten Züge der Great Southern Railways (www.trainways.com.au) fahren auf den drei großen Überlandrouten: Der Overlander zwischen Adelaide und Melbourne, der Indian Pacific zwischen Sydney und Perth und der Ghan zwischen Adelaide und Darwin. Alle Züge haben mehrere Preis- und Kompfortkategorien vom normalen Sitzplatz bis zur luxuriösen Präsidentensuite. Country Link und Queensland Rail Service bedienen außerdem die Strecken zwischen Sydney und Canberra, Sydney und Cairns. Sie fahren von Townsville nach Mount Isa, von Brisbane nach Longreach und Charleville ins Hinterland sowie auf einigen anderen regionalen Strecken, die jedoch keine weiteren Anschlüsse bieten. Auch für die Züge kann man vergünstigte Railpässe kaufen. Alle Fahrpläne, Strecken und Preise unter: www.railaustralia.com.au oder über **hm-touristik Grafrath, Hauptstr. 61, 82284 Grafrath, Tel. (081 44) 77 00**

Wohnmobil und Mietwagen
Das eigene Quartier durch die australischen Weiten zu steuern ist verlockend, aber auch nicht ganz preiswert. Zur Hochsaison (Dez., Jan.) kostet ein Campervan mit zwei Betten ca. 3360 A$. Zwar spart man so das Hotel, doch kommen Gebühren für Campingplatz, Benzin und Verpflegung hinzu. Preisvergleiche verschiedener Anbieter gibt es im Internet unter www.camperboerse.de/cb/laender/l_australien oder in München unter **Tel. (089) 18 93 25 00**. Zu den größten Anbietern gehören Britz (www.britz.com.au) und Kea (www.keacampers.com), die für einige Verleihorte auch Einwegmieten anbieten. PKWs kann man in Sydney bereits ab 30 A$ pro Tag mieten. Die meisten Firmen verleihen Fahrzeuge nur an Kreditkartenbesitzer. Es genügt ein deutscher (österreichischer/ schweizerischer) Führerschein.

Motorrad
Motorradfans finden in Australien fantastische Strecken, allerdings unterschätzen Europäer leicht die Entfernungen. Ein Plus: Wer die Ballungszentren an der Ostküste hinter sich lässt, begegnet kaum noch Verkehr. Gruppentouren sowie den Verleih von Motorrädern organisieren und vermitteln Veranstalter wie Biketours. **Tel. in Deutschland (027 64) 78 24** www.biketours.com.au oder BikeroundOz www.bikeroundoz.com

Gesundheitsgefahren
Ausser dem üblichen Impfschutz wie Tetanus, Polio und Diphterie benötigt man keine besondere Prophylaxe, sollte jedoch unbedingt Mücken- und Sonnenschutzmittel mitnehmen! Die Unterströmungen, *rips*, im Wasser sind nicht zu unterschätzen. In den von roten und gelben Flaggen markierten Schwimmzonen bleiben! Die Wahrscheinlichkeit, dass man auf gefährliche Tiere trifft, ist eher gering. Dennoch Vorsicht vor Salzwasserkrokodilen, *saltys*, im Norden des Landes, die nicht nur an seichten Stränden, sondern auch in Flüssen leben. Zu warnen ist auch vor Würfelquallen, *box jellyfishes,* an der Küste Nordaustraliens, deren meterlangen Tentakeln ein gefährliches Gift enthalten, das tödlich sein kann. Vorsicht auch bei zwei Spinnenarten: Der Biss der Trichtternetz-

www.merian.de MERIAN 136

INFO SERVIVE

Greater Sydney

Landesdaten

Hauptstadt Canberra (32 300 Einwohner)
Staatsform Parlamentarische Monarchie (im Commonwealth). Es besteht Wahlpflicht
Staatsoberhaupt Königin Elizabeth II., vertreten durch einen Generalgouverneur
Fläche 7 686 850 km^2 (Europäische Union 3 974 879 km^2)
Küstenlänge 37 000 km
Nord-Süd-Ausdehnung 3280 km
Ost-West-Ausdehnung 3983 km
Einwohner 20,4 Mio., davon 2,4 % Aboriginal und Torres Straits Islander People, Schafe ca. 110 Mio.
Herkunft 95% Europäer, 1,3 % Asiaten, 2,2 % indigene Bevölkerung. Über 1,3 Mio. Australier haben mindestens einen deutschen Vorfahren
Bevölkerungsdichte 2,5 pro km^2
Bevölkerungswachstum 3,6 %
Lebenserwartung 80,1 Jahre
Arbeitslosenquote 5,1 %
Religion 27% Katholiken, 22 % Anglikaner, 22 % andere christliche Gemeinschaften, 12,4 % Sonstige, 16,6% Konfessionslose
Landesstruktur 6 Bundesstaaten: New South Wales (Sydney), Queensland (Brisbane), South Australia (Adelaide), Tasmania (Hobart), Victoria (Melbourne), Western Australia (Perth) und 2 Territorien: Australien Capital Territory (Canberra), Northern Territory (Darwin)
Höchste Erhebung Mt Kosciuszko 2229 m
Längste Flüsse Darling River 2739 km; Murray River 2557 km

AN- UND EINREISE

Die Flugzeit dauert in der Regel 19 bis 23 Stunden. Qantas, Australiens führende Airline, fliegt täglich ab Frankfurt über Singapur alle wichtigen Städte an: Adelaide, Brisbane, Cairns, Darwin, Melbourne, Perth, Sydney. www.qantas.de. Andere legen Zwischenlandungen in Bangkok, Hongkong, Tokio, Kuala Lumpur ein. Tipp 1: Ein Stopover einzuplanen, um den Jetlag besser zu bewältigen, lohnt sich eigentlich nicht. So plagt man sich mit zwei Jetlags ab. Viele Airlines bieten allerdings Stopover-Programme mit Transfer, Hotel und Stadtbesichtigung zu günstigen Konditionen an. Tipp 2: Wer eine Reise von Süd- nach Nordaustralien plant, sollte ab Darwin zurückfliegen und so fünf Stunden Flugzeit sparen.
Australien hat strenge Quarantänegesetze: Es dürfen zum Beispiel keine frischen Lebensmittel, Obst, pflanzliche und tierische Produkte eingeführt werden. Die Geldbußen bei Verstößen sind hoch.

INFORMATIONEN

Australisches Fremdenverkehrsamt
Tourism Australia
Neue Mainzer Straße 22
60311 Frankfurt
Tel. (069) 274 00 60
www.australia.com.
Das Amt verschickt auf Anfrage einen deutschsprachigen Reiseplaner. Gutes Karten- und Infomaterial haben die örtlichen Visitor Centres, die in allen Städten sowie touristisch interessanten Regionen meist täglich zwischen 9-17 Uhr geöffnet haben. Die Mitarbeiter helfen bei der Suche nach Unterkünften, Buchung von Veranstaltungen und Planung von Ausflügen.

Sprache
Landessprache ist Englisch. Der australische Dialekt ist vor allem in ländlichen Regionen gewöhnungsbedürftig – Wortenden werden verschluckt, es gibt jede Menge Abkürzungen, uns unbekannte Wortschöpfungen – als junges Einwandererland sind die Australier aber an Akzente gewöhnt und gehen mit Verständigungsproblemen geduldig um.

Strom
In Australien sind Steckdosen dreipolig, für europäische Geräte benötigt man einen Adapter. Die Spannung beträgt 220-240 Volt.

Telefon
Australiens Landesvorwahl von Deutschland, Österreich und der Schweiz ist 0061, es folgt die Ortsvorwahl ohne 0. Wer z. B. von Sydney aus in einer anderen Stadt innerhalb von New South Wales anrufen will, muss die Vorwahl 02 mitwählen. Für Ferngespräche aus Australien wählt man 0011, dann für Deutschland die 49 (Schweiz: 41, Österreich: 43) plus die Ortsvorwahl ohne 0. Erheblich günstiger als direkt zu wählen sind „prepaid phonecards" von Anbietern wie „Daybreak", „hello" oder „Ozcall". Die Telefonkarten sind für 10 A$ in Convenience Stores, Supermärkten, Zeitungsläden erhältlich. Telefonzellen funktionieren mit Münzen oder Telefonkarten. Viele europäische Handynetze sind auch in Australien erreichbar – deutlich günstiger aber sind Sim-Karten der australischen Anbieter.

Trinkgeld
In Restaurants ist Trinkgeld von rund 10 Prozent üblich, bei Taxifahrten wird aufgerundet. In Cafés steht häufig auf der Theke ein Glas für „Tips", in das man 50 Cent oder mehr werfen kann. In ländlichen Regionen ist Trinkgeld zwar unüblich, aber immer willkommen.

Visum
Deutsche, Österreicher und Schweizer benötigen einen noch sechs Monate gültigen Reisepass und ein ETA-Visum (Electronic Travel Authority), das 12 Monate gültig ist, einen dreimonatigen Aufenthalt in Australien erlaubt und üblicherweise bei der Flugbuchung vom Reisebüro ausgestellt wird. Für längere Aufenthalte ist ein „Visitor Long Stay Visum" nötig, das beim DIMIA (Department for Immigration and Multicultural and Indigenous Affairs, (www.immi.gov.au) oder der Australischen Botschaft beantragt werden kann:
Australian Embassy
Wallstrasse 76-79
10179 Berlin
Tel. (030) 700 12 91 29
www.australian-embassy.de
Mo-Do 14-17, Fr 14-16 Uhr.
Deutsche zwischen 18 und 30 Jahren können mit dem „Working Holiday Program" ein Jahr in Australien bleiben und während des Aufenthalts je drei Monate arbeiten.
Infos: www.immi.gov.au/allforms/visiting_whm.htm

Zahlungsmittel
Währungseinheit ist der Australische Dollar (A$), Wechselkurs 1 A$ = 0,63 € (Stand: August 2005). Kreditkarten werden überall akzeptiert, Bargeld kann man am Automaten auch mit Maestro- und Bankkarten abheben. Reiseschecks

INFO GESCHICHTE

MERIAN | VERSÖHNUNGSWOCHE

Eddies Recht auf Land
Ein Insulaner aus der Torres Strait erstritt den Anspruch der Ureinwohner auf Grundbesitz

Der Anlass für den „Fall Mabo", eine der umstrittensten und kompliziertesten juristischen Auseinandersetzungen der australischen Geschichte, war denkbar einfach: Edward („Eddie") Kookie Mabo von der kleinen Insel Mer (Murray) in der Torres Strait, war davon überzeugt, dass seine Heimat seiner Sippe, nicht aber der britischen Krone oder dem Bundesstaat Queensland gehöre. Um diesen Anspruch zu legitimieren, begann er 1982 einen Rechtsstreit, der mehr als zehn Jahre dauerte und die Grundlagen australischer Gesetzgebung revolutionierte.

Das Urteil der höchsten Gerichtsinstanz gab Eddie Mabo und seinen vier Mitstreitern 1992 Recht und widerlegte damit die „Terra-Nullius"-Doktrin, die Auffassung, dass der Kontinent vor der Besiedlung durch Weiße im Jahr 1788 ein leeres Land – eine terra nullius – gewesen sei: Die Ureinwohner (so der bisherige amtliche Standpunkt) seien auf diesem Land zwar schon lange als Nomaden umhergezogen, hätten es aber nicht „besessen". Eddie Mabo erlebte den Urteilsspruch am 3. Juni 1992 nicht mehr: Er war fünf Monate zuvor gestorben.

Um die seither bestehenden Landansprüche umzusetzen, wurde 1993 der „Native Title Act" verabschiedet, der Torres-Strait-Insulanern und Aborigines das Recht auf ein Stück Land zugesteht, wenn sie nachweisen können, dass sie eine langjährige Verbindung zu dem Grund und Boden haben. Während Opposition und Bergbauunternehmen das Gesetz kritisierten, wurde es von Labor-Premier Paul Keating begrüßt und von vielen Menschen als Schritt der Versöhnung zwischen „black fellas" und Weißen betrachtet. Der „National Sorry Day" am 27. Mai ist Auftakt der jährlichen Reconciliation Week (Versöhnungswoche) und Jahrestag des Referendums von 1967, bei dem sich mehr als 90 Prozent der Australier gegen diskriminierende Rassengesetze aussprachen. Während sich viele Organisationen und Einzelpersonen bei Aborigines und Torres-Strait-Insulanern für das begangene Unrecht entschuldigten und „Sorry Books" unterzeichneten, erkannte Premierminister John Howard zwar das Unrecht an, konnte sich zu einem offiziellen „sorry" jedoch nicht durchringen.

Mienenarbeiter im Goldrausch (um 1870)

Die Aboriginal-Schriftstellerin **Doris Pilkington (Nugi Garimara)** nach ihrer Ansprache am National Sorry Day im Mai 2004

Vor etwa 96 Millionen Jahren Nach dem Auseinanderdriften des Urkontinents Gondwana spaltet sich Australien von der Antarktis ab.

Vor etwa 50 000 Jahren Aborigines, vermutlich eingewandert aus Südostasien, besiedeln den Kontinent.

1606 Der erste bekannte Kontakt zwischen Europäern und Aborigines: Der holländische Seefahrer Willem Jansz erreicht die Torres Strait und den Westen Cape Yorks.

1770 Auf der ersten seiner drei Australienreisen nimmt der Entdecker James Cook den Kontinent für die britische Krone „in Besitz". Er kartiert die Ostküste von Cape York bis Point Hicks.

1788 Unter Kommando von Captain Arthur Philipp landen die Schiffe der „First Fleet" mit britischen Sträflingen in Port Jackson, dem heutigen Sydney.

1793 In Tasmanien treffen nach vielen Sträflingstransporten erstmals freie Siedler ein.

1801 Matthew Flinders beginnt die erste drei Jahre dauernde Umseglung des „Neu Holland" genannten Kontinents. Er schlägt den Namen „Australien" vor, der 1817 offiziell wird

1851 Goldfunde in Bathurst, Neusüdwales, lösen einen Goldrausch auch im benachbarten Victoria aus. Bis 1860 wächst die Bevölkerung der beiden Kolonien auf über eine Million. In den folgenden Jahren wird auch in Westaustralien und Queensland Gold entdeckt.

1868 Der letzte Sträflingstransport landet in Westaustralien. Bis dahin sind etwa 160 000 Menschen auf den Kontinent zwangsverschifft worden.

1894 Wahlrecht für Frauen in der Kolonie Südaustralien.

1901 Die Bundesstaaten schließen sich zum Commonwealth of Australia zusammen. Artikel 51 der Konstitution erlaubt der neuen Föderation, Nicht-Weiße des Landes zu verweisen. Die „White Australia Policy" wird erst Mitte der 1960er Jahre aufgegeben.

1927 Die Regierung zieht von Melbourne ins neue Parliament House Canberra. Die neue Hauptstadt hatte der Chicagoer Architekt Walter Burley Griffin ab 1911 entworfen.

1942 Darwin wird – erstmals seit Beginn des Zweiten Weltkrieges – von japanischen Bombenangriffen getroffen.

1956 Melbourne richtet als erste Stadt der südlichen Hemisphäre die Olympischen Sommerspiele aus.

1965 Australien beteiligt sich mit zunächst 1500, in den Folgejahren bis zu 8000 Soldaten am Krieg in Vietnam. Nach massiven Protesten werden die Truppen 1971 abgezogen.

1967 Per Referendum sprechen sich 90,7 % aller Australier dafür aus, sämtliche Aborigines diskriminierenden Gesetze abzuschaffen.

1984 „Advance Australia Fair" ersetzt „God save the Queen" als Nationalhymne.

1985 Der Monolith Ayers Rock und die benachbarten Olgas werden in einer symbolischen Zeremonie an die Anangu, die Ureinwohner der Region zurückgegeben und heißen wieder Uluru und Kata Tjuta.

1992 Die Mabo-Entscheidung ebnet den Weg für den Native Title Act, der Aborigines offizielle Landrechte zuspricht.

2000 Sydney richtet die Olympischen Sommerspiele aus.

2004 Die Bahnlinie zwischen Adelaide und Darwin wird nach fast 150 Jahren fertig gestellt. Der „Ghan" nimmt den Fracht- und Personenverkehr auf.

FO SERVICE + BÜCHER

...e, *funnel web spide*, (lebt ...uchten Osten), wie auch ...er Rotrückenspinne, *red... spider* (lebt in trockenen ...eten), kann tödlich sein.

...rnachtung

...stralien gibt es **Hotels** aller ...klassen: In den Haupt- ...Küstenstädten sollten man ...ner im Voraus buchen. ...erhalb der Metropolen bie- ...sich Motels an, entlang der ...en und auf den Inseln des ...t Barrier Reef gibt es vor ...n **Ferienanlagen**. In abgele- ...n Gebieten sind oft **Lodges** ...den – von sehr luxuriös ...nfach. Auch das Angebot ...**Bed & Breakfast** ist inzwi- ...n vielfältig: www.ozbed ...breakfast.com. Für Ruck- ...touristen gibt es ein gutes ...an Unterkünften, mehr ...50 Jugendherbergen ...ören zur **Australian Youth** ...tels Association (YHA ...ralia). www.yha.com.au.

Im Unterschied zum YHA braucht man für die **VIP Backpacker Resorts of Australia** keine Mitgliedschaft, Preise und Zimmer sind aber ähnlich: www.backpackers.com.au. Wer mit dem Pkw unterwegs ist, aber kein eigenes Zelt hat, kann auf fast allen Camping- und Caravanplätzen Cabins oder On-Site-Vans (**Wohnwagen**) mieten.

BÜCHER

Australia Lonely Planet Travel Guides (erscheint voraussichtlich Dez. 2005), 26,70 € Mit 193 Karten und dichten Informationen ist dieser Reisebegleiter unerlässlich für die Erkundung der größten Insel der Welt.

Australien Anne Dehne, Stefan Loose Travel Handbücher 2004, 23,95 € Ein zwar sparsam bebildertes Buch, aber lesenswert aufgrund der vielen Infos und Karten. Eignet sich besonders für Backpacker.

MERIAN Live! Australien
Bruni Gebauer, Stefan Huy, TRAVEL HOUSE MEDIA GmbH 2005, 7,95 € Der nützliche Reiseführer mit Routenvorschlägen und Tipps weckt die Reiselust.

Traumpfade Bruce Chatwin, Fischer Taschenbücher 1992, Bd.10364, 9,90 € Der in Nizza verstorbene Engländer sucht nach dem Sinn der unsichtbaren Wege, auf denen die Ahnen der Aborigines wanderten. Ein phantastischer Irrgarten voller Anekdoten, Geschichtsberichte, Tagebuchbeschreibungen.

Gebrauchsanweisung für Sydney Peter Carey, Piper Verlag 2003, Bd. 7522, 12,90 € Kenner behaupten, der Wind habe eine Farbe und der Duft von Minze wehe durch die Stadt. Dieses und anderes über Sydney offenbart der australische Schriftsteller.

Der singende Baum Tim Winton, Luchterhand Literaturverlag 2004, 24 € Eine ungewöhnliche Liebesgeschichte zweier verletzter Seelen. Sie beginnt im Fischerdorf White Point, im Westen Australiens, wo die rote Wüste mit einer atemberaubenden Küstenlandschaft verschmilzt.

In Tasmanien Nicholas Shakespeare, Marebuchverlag 2005, 24,90 € Shakespeare erzählt in Form einer literarischen Reisereportage die spannende Geschichte einer Insel am Ende der Welt.

Australiens Farben
Bill Bachman, Tim Winton, Frederking & Thaler Verlag 2003, 19,90 € Bachman fokussiert die Kamera auf Australiens Outback: Naturschauspiel, Wellblecharchitektur, Cowboy-Romantik, skurrile Typen. Die Bilder untermalt der australische Romancier Tim Winton textlich.

...ATEN | WETTER

	Jan.	Feb.	März	Apr.	Mai	Juni	Juli	Aug.	Sept.	Okt.	Nov.	Dez.
Durchschnittl. Temp. in °C Tag/Nacht	26	26	24	20	17	14	13	15	17	19	22	24
	14	14	13	11	8	7	6	6	8	9	11	12
Sonnenstd./Tag	8	8	7	5	4	4	4	5	6	6	8	8
Regentage	9	8	9	13	14	16	17	17	15	14	13	11
Durchschnittl. Temp. in °C Tag/Nacht	32	32	33	33	33	31	31	32	33	34	34	33
	25	25	25	24	23	20	19	21	23	25	26	26
Sonnenstd./Tag	6	6	7	10	9	10	10	10	10	9	10	7
Regentage	20	18	17	6	1	1	0	0	2	5	10	15
Durchschnittl. Temp. in °C Tag/Nacht	30	29	28	26	23	21	20	22	24	26	28	29
	21	20	19	16	13	11	10	10	13	16	18	20
Sonnenstd./Tag	8	7	7	7	7	6	7	8	8	8	8	8
Regentage	13	14	15	12	10	8	8	7	8	9	10	12

...stralien hat zwei klimatische Hauptzonen: die eher tropischen ...gionen im Norden (nördlich des 20. Breitengrades) und ...gemäßigtere, mildere Südhälfte. Angesichts der Größe des ...ntinents herrschen jedoch regionale Unterschiede – so ist ...zum Beispiel in höher gelegenen Landstrichen sowie in ...manien deutlich kühler als an der Küste. Die Jahreszeiten ...d denen der nördlichen Hemisphäre entgegengesetzt – ...europäischen Sommer ist in Australien also Winter. Im Nor- ...n ist diese Jahreszeit eher als „dry season" im Gegensatz ...feuchten „wet season" (Dez.-März) spürbar, die Temperatu- ...fallen im Norden auch abends selten unter 20 °C. Winter- ...chte in der tagsüber heißen und trockenen Wüstenstadt ...ce Springs können indes recht ungemütlich sein (um 6 °C). ...den Küstengebieten des Südens kann es sich zwischen ...ni und Aug. auch tags auf 10 °C abkühlen, in den Snowy ...untains liegt in diesen Monaten Schnee.

VORSCHAU Florenz

Glänzen im Abendlicht: Domkuppel, von Filippo Brunelleschi vor einem halben Jahrtausend erbaut

Schwärmen für Marmor: David

Raufen nach Regeln: Calcio Storico vor Santa Croce

Florentiner wussten, wie man reich wird, und sie zeigten, dass sie es sind. Selbstbewusste Künstler halfen ihnen dabei. Florenz ist eine Stadt mit Weltruf – seit Jahrhunderten

- Wunder aus Stein: Die Domkuppel des Filippo Brunelleschi
- Die neuen Medici: Die Mode-Dynastie Ferragamo
- Haus der Deutschen Kunst: 100 Jahre Villa Romana
- Calcio Storico: Die Schlacht ums weiße Kalb
- Mäzene mit Stil: Wie Kunst und Kapital zusammenfanden
- Unrasierte Toskana: Entdeckungen im Mugello

Zuletzt erschienen

November 2005

Oktober 2005

September 2005

August 2005

Juli 2005

Juni 2005

Die nächsten Ausgaben von MERIAN sollten Sie nicht verpassen: Salzburg, Mongolei, Provence, Dubai Abotelefon 040-87 97 35 40 oder www.merian.de